"十四五"职业教育国家规划教材

"十三五"职业教育国家规划教材

汽车维修综合业务接待

主　编　蒋智忠　杨　丽

副主编　杨秋凤　罗　予

参　编　韦婷婷　陈　建　李　娜　肖颖洁　李云杰

　　　　李燕梅　陈立刚　韦江彬

主　审　李楚雄

机械工业出版社

本书为"十四五"职业教育国家规范教材。

本书按照教育部颁布的职业院校汽车专业课程目录及教学标准要求，参考汽车维修工职业资格标准编写而成。

本书以工作过程为导向，兼顾工作过程中的学习以及课堂上的学习，强化汽车维修综合业务接待工作岗位能力的基础训练，使学生能够具备维修业务接待的基本素养。本书主要内容包括汽车维修业务接待概述、预约服务、车辆接待、汽车维修专业知识、车辆维修质量检验、车辆交付、跟踪服务七个任务，内容充实、图文并茂、目标明确。

本书可作为职业院校汽车类相关专业的教材，也可供汽车维修技术人员、汽车营销人员等汽车从业人员及汽车爱好者学习与使用。为方便教学，本书配有电子课件，凡选用本书作为授课教材的教师均可登录 www.cmpedu.com 以教师身份注册，免费下载。

图书在版编目（CIP）数据

汽车维修综合业务接待/蒋智忠，杨丽主编. —北京：机械工业出版社，2019.8（2025.1重印）
职业教育汽车类专业"十三五"规划教材 职业教育改革创新教材
ISBN 978-7-111-63277-1

Ⅰ.①汽… Ⅱ.①蒋…②杨… Ⅲ.①汽车-修理厂-商业服务-高等职业教育-教材 Ⅳ.①U472.31

中国版本图书馆 CIP 数据核字（2019）第 150308 号

机械工业出版社（北京市百万庄大街 22 号 邮政编码 100037）
策划编辑：于志伟 责任编辑：于志伟
责任校对：张 薇 梁 静 封面设计：鞠 杨
责任印制：单爱军
保定市中画美凯印刷有限公司印刷
2025 年 1 月第 1 版第 10 次印刷
184mm×260mm·8.25 印张·222 千字
标准书号：ISBN 978-7-111-63277-1
定价：38.00 元

电话服务　　　　　　　　　　网络服务

客服电话：010-88361066　　机 工 官 网：www.cmpbook.com
　　　　　010-88379833　　机 工 官 博：weibo.com/cmp1952
　　　　　010-68326294　　金 书 网：www.golden-book.com
封底无防伪标均为盗版　　机工教育服务网：www.cmpedu.com

关于"十四五"职业教育
国家规划教材的出版说明

为贯彻落实《中共中央关于认真学习宣传贯彻党的二十大精神的决定》《习近平新时代中国特色社会主义思想进课程教材指南》《职业院校教材管理办法》等文件精神，机械工业出版社与教材编写团队一道，认真执行思政内容进教材、进课堂、进头脑要求，尊重教育规律，遵循学科特点，对教材内容进行了更新，着力落实以下要求：

1. 提升教材铸魂育人功能，培育、践行社会主义核心价值观，教育引导学生树立共产主义远大理想和中国特色社会主义共同理想，坚定"四个自信"，厚植爱国主义情怀，把爱国情、强国志、报国行自觉融入建设社会主义现代化强国、实现中华民族伟大复兴的奋斗之中。同时，弘扬中华优秀传统文化，深入开展宪法法治教育。

2. 注重科学思维方法训练和科学伦理教育，培养学生探索未知、追求真理、勇攀科学高峰的责任感和使命感；强化学生工程伦理教育，培养学生精益求精的大国工匠精神，激发学生科技报国的家国情怀和使命担当。加快构建中国特色哲学社会科学学科体系、学术体系、话语体系。帮助学生了解相关专业和行业领域的国家战略、法律法规和相关政策，引导学生深入社会实践、关注现实问题，培育学生经世济民、诚信服务、德法兼修的职业素养。

3. 教育引导学生深刻理解并自觉实践各行业的职业精神、职业规范，增强职业责任感，培养遵纪守法、爱岗敬业、无私奉献、诚实守信、公道办事、开拓创新的职业品格和行为习惯。

在此基础上，及时更新教材知识内容，体现产业发展的新技术、新工艺、新规范、新标准。加强教材数字化建设，丰富配套资源，形成可听、可视、可练、可互动的融媒体教材。

教材建设需要各方的共同努力，也欢迎相关教材使用院校的师生及时反馈意见和建议，我们将认真组织力量进行研究，在后续重印及再版时吸纳改进，不断推动高质量教材出版。

机械工业出版社

前言

目前，我国汽车工业已经成为国民经济增长的重要产业，汽车工业的繁荣使汽车维修业务接待的人才需求量大幅度增长。为贯彻国家职业教育方针政策，深化职业教育教学改革，本书依据工学结合的人才培养模式，以培养学生动手实操技能、丰富专业知识为目的，结合当前汽车维修行业需求，兼顾提高学生职业素养，并根据教育部最新公布的职业院校汽车类专业教学标准，参考汽车维修工职业资格标准编写而成。

本书在内容上努力把握知识的准确性和实用性，着重培养学生的基本能力。本书是基于工作过程要素而开发的适合职业教育的实用性教材，遵循工作过程中学习和课堂上学习相结合的原则，对汽车维修业务接待工作的岗位要求进行了详细的梳理，打破了以往教材只考虑教师如何教而不考虑学生如何学的思维局限，将技能点的训练与实际应用进行了有机结合。本书将汽车维修业务接待工作分解为七个任务：汽车维修业务接待概述、预约服务、车辆接待、汽车维修专业知识、车辆维修质量检验、车辆交付、跟踪服务。对这七个任务的学习及围绕这七个任务展开的场景训练，可使课堂与汽车 4S 店实际工作场景无缝衔接，学生学习完本课程后，将掌握一名合格的汽车维修业务接待者所需要的基本技能。

本书在编写过程中，力求体现以下特点：

1. 从职业教育实际出发，使课堂与工作岗位无缝衔接，教学和实际服务流程相结合。

2. 图文并茂，通俗易懂，结合市场需求，突出介绍该领域的新知识、新动态、新方法，使学生更多地了解或掌握全新服务理念的发展及相关技能。

3. 层次分明，结构合理，以过程为导向、任务为驱动的"一体化"教学模式组织教学内容。

基于以上特点，本书在内容设置方面，以国家相关职业标准为基本依据，摒弃"繁难偏旧"的内容，力求通过真实的工作任务，以教、学、做合一的方式，使学生学会知识、学会技能、学会工作。

另外，本书自出版以来，广泛征询各用书院校以及相关的汽车维修服务企业服务经理、培训师及资深服务顾问的意见，并结合职业院校新的教学模式和汽车维修服务企业新的人才需求，在本次重印过程中，对本书进行了以下完善与提升：1）依据工学结合的人才培养模式，以培养学生动手实操技能、丰富专业知识为目的，将汽车维修接待服务企业的真实场景搬进课堂，激发学生学习汽车维修接待服务的兴趣，提高学生的自信心；2）以汽车维修接待流程为载体设计教学，通过大量的话术示范、演示视频和情景模拟任务实施，使学生能自主学习与练习，获取知识与技能，提高综合职业能力；3）落实党的二十大精神、秉承"立德树人、德技并修"的指导思想，对教材内容进行梳理与提炼，全面系统地将育人元素融入到课程内容之中，让学生在学习过程中养成良好的职业素养和高尚的道德情操，真正做到"培根铸魂、启智增慧"。

本书由蒋智忠、杨丽担任主编，杨秋凤、罗予担任副主编，参与编写的还有韦婷婷、陈建、李娜、肖颖洁、李云杰、李燕梅、陈立刚、韦江彬，全书由李楚雄主审。另外，本书在编写过程中，与大量汽车服务行业进行了深入的合作，其中主要包括柳州市君恒物资贸易有限公司、柳州市鑫双恒汽车销售服务有限公司、柳州市华汇汽车销售有限公司、柳州弘耀汽车销售服务有限公司、柳州恒信雷克萨斯汽车销售服务有限公司、柳州盈通汽车销售服务有限公司、柳州市合隆汽车销售服务有限公司、柳州市粤宝汽车销售服务有限公司、柳州市华星行汽车销售服务有限公司和柳州市庆鸿丰田汽车销售有限公司。在企业的大力支持与配合下，对目前汽车技术服务与营销的所有工作岗位、工作任务进行现场调查，完成汽车销售、汽车维修接待服务、汽车售后服务三个工种的工作内容分析，找到三个工种共同的知识体系和职业能力需求，为本教材的编写奠定了实践基础。在此，对以上企业及给予我们帮助的相关人员表示衷心的感谢。在本书编写过程中，参考了大量的文献和资料，在此对相关作者表示衷心的感谢！

由于编者水平有限，书中难免有错误和不当之处，敬请各位专家和读者批评与指正。

编　者

目　录

任务一　汽车维修业务接待概述

随着我国汽车保有量的急剧增加，汽车拥有者的身份不尽相同，形成了客户需求的多样性。为了满足客户需求，树立企业形象，提高企业的竞争力，汽车维修企业纷纷在企业内开展顾问式服务，设置汽车维修业务接待这个岗位，在汽车维修企业售后服务部，从事客户车辆接待的服务人员被称为服务顾问。

最近几年，维修业务接待已逐步成为汽车维修企业经营管理的重要组成部分，服务顾问的作用越来越凸显。服务顾问是汽车企业服务部的"第一印象"和"最后印象"的体现者，是汽车维修企业售后服务部最接近客户的重要人物，其职责不仅是简单接待客户，更重要的是要让客户有信赖感，并能够立即解决客户提出的问题或寻求适当的支援以满足客户。

本任务要求学生掌握服务顾问上岗前需具备的专业知识、业务知识、基本礼仪，了解服务顾问的工作内容，从而能够更好地为客户服务。

目标名称	目标内容
知识目标	1. 了解服务顾问的工作内容
	2. 掌握服务顾问的素质要求
技能目标	能准确按服务顾问的工作要求接待客户
情感目标	1. 培养学生的服务意识
	2. 培养学生的合作能力

建议学时：12课时（理论4课时+实训8课时）。

晨会后，李经理要求张华根据维修业务接待工作环境清洁与准备的要求，按接待人员的仪容、仪表、仪态技能标准做好维修接待准备工作，以良好的精神面貌迎接今天的第一批客户，张华应该怎么做呢？

一、服务顾问介绍

汽车服务顾问是汽车维修时接待客户的专业服务人员，是客户和维修技师之间联系的纽带，需要了解基本的汽车知识和常见的汽车故障，对其技术性的要求不是很高。

服务顾问应积极了解客户需求，及时洞察客户心理。一般汽车4S店都要求服务顾问能灵活接待，对客户要有亲和力，以取得客户信任，这点对服务顾问很重要，一次服务是否成功关键便在于此。服务顾问还应学习使用汽车经销商管理系统（DMS，Dealer Management System），学会如何开单、预估、结算，其中要求熟练掌握常用配件的价格以及安装工时，能够准确地报出估价，灵活沟通，得到客户认可。

二、服务顾问的工作内容

1）服从企业总经理和执行经理的领导，严格执行企业的各项规章制度，承担相应的工作责任。

2）负责受理客户提出的预约维修请求或向客户提出预约维修建议，经客户同意后，办理预约手续。

3）负责接待前来企业送修车辆或咨询的客户，认真询问客户的来意与要求。

4）负责配合技术人员对送修车辆进行技术诊断，确定维修内容和大致期限。

5）负责维修报价，决定客户的进厂维修时间和预约维修费用。

6）负责与客户及车间维修人员办理维修车辆的交车手续。

7）负责维修业务日常进度的监督。

8）负责维修增项意见的征询与处理。

9）负责将竣工车辆从维修车间接出，检查车辆外观技术状况及有关随车物品，通知客户提车，准备客户接车资料。

10）负责接待前来企业提车的客户，引导客户检视竣工车辆，向客户汇报维修情况，办理结算手续，恭送客户。

11）负责客户的咨询解答、电话回访与投诉处理。

12）负责企业的业务统计和业务档案管理。

三、服务顾问的素质要求

热情周到的服务、完美的形象、亲切的态度及高水平的专业能力，是服务顾问应该具备的重要素质，每一个企业都重视服务顾问的素质培养。

（一）基本礼仪

汽车维修业务接待岗位是企业对外形象的窗口，接待人员的言行举止决定着到访客户对企业的第一印象。对汽车维修业务接待人员来说，文明得体的礼仪是展示和塑造专业化的接待人员所需具备的职业形象及职业素养，并可提升专业服务价值。因此，接待人员学习现代礼仪的第一课要从仪容、仪表、仪态开始。

1. 汽车服务顾问的仪容要求

仪容通常是指人的外观、外貌，其重点是人的外貌。在人际交往中，每个人的仪容都会引起交往对象的关注，并影响到对方对自己的整体评价，服务顾问的仪容标准见表1-1。

表1-1　服务顾问的仪容标准

仪　容	标　准
整体	整齐、清洁、自然、大方得体、精神饱满、充满活力
头发	干净、整齐、卫生。男士：前不过眉、侧不过耳、后不过领、整洁干净，无头皮屑、无怪异味；女士：不过于个性化，不染色，刘海儿不遮眉眼，整齐没有碎发，长发盘在脑后
面容	精神饱满，表情自然，女士宜淡妆修饰，不可浓妆艳抹，男士须将胡须刮干净
耳饰	女士只可戴小耳环或耳钉，颜色不能太显眼，以淡色为佳

（续）

仪　容	标　准
眼睛	眼睛清洁、无分泌物，女士化妆不要有渗出的眼线、睫毛液等
口腔	保持口腔、牙齿清洁，无食品残留物，无异味
手	手部保持清洁，指甲修剪整齐，不留长指甲，不涂浓艳指甲油
工作服	无脏污、破损，领口与袖口干净，纽扣完好，大小合身。女士着裙装还要求丝袜无走线、松弛，颜色与肤色相近
鞋子	不穿拖鞋，鞋子干净，女士鞋跟不要太高

2. 汽车服务顾问的仪表要求

仪表是指人们在容貌、体态、妆饰、服饰等方面体现出来的精神面貌、内在素质及外在感官形象。服务顾问在仪表修饰时应注意遵循一定的原则，具体要求见表1-2。

表1-2　服务顾问的仪表要求

仪表修饰原则	具体要求
适体性原则	要求仪表修饰与个体自身的性别、年龄、容貌、肤色、身材、个性、气质及职业身份等相适宜和相协调
TPO原则	时间（Time）、地点（Place）、场合（Occasion）原则（简称TPO原则），即要求仪表修饰因时间、地点、场合的变化而相应变化，使仪表与时间、环境氛围、特定场合相协调
整体性原则	要求仪表修饰先着眼于人的整体，再考虑各个局部的修饰，促成修饰与人自身的诸多因素之间协调一致，使之浑然一体，营造出整体风采
适度性原则	要求仪表修饰无论是修饰程度，还是饰品数量和修饰技巧，都应把握分寸，自然适度，追求虽刻意雕琢而又不露痕迹的效果

3. 汽车服务顾问的仪态要求

仪态是指人的姿势、举止和动作。服务顾问的仪态要求见表1-3。

表1-3　服务顾问的仪态要求

仪态要素	仪态要求
仪态文明	仪态要显得有修养，讲礼貌，不应在他人面前有粗野的行为
仪态自然	仪态既要规则庄重，又要表现大方自然，不要虚张声势、装腔作势
仪态美观	仪态要优雅脱俗，美观耐看，能给人留下美好的印象
仪态敬人	要求不要失敬于人，要通过良好的仪态来体现敬人之意

（1）站姿　站姿的基本要求是挺直、舒展、线条优美、精神焕发。站立时，面带微笑，平和自然，双肩放松，自然下垂，挺胸收腹，双腿立直，双眼平视前方。

男士：双膝并严，双脚靠紧，或双脚分开，与肩同宽；双手叠放于身后，掌心向外，形成背手，或双手自然下垂，如图1-1所示。

女士：脚跟并拢，双脚成45°～60°V字形，也可双脚一前一后，前脚脚跟紧靠后脚内侧足弓，形成丁字形；双手自然下垂，也可相叠或相握放于腹前。

（2）坐姿　坐姿是人们在生活工作中用得最多的一种姿势，是一种静态美，"坐如钟"是指人在就座后要像钟一样稳，不偏不倚。就座时坐满座椅的三分之二即可，坐定后身体重心垂直向下，腰背挺直，头部端正，双眼平视，下颌微收，双掌自然地放在膝头或座椅的扶手上。

男士：上身挺直，双肩平正，双脚自然分开成45°如图1-2所示。

女士：双腿并拢，同时向左或向右放，双手相叠后放在左腿或右腿上，也可双脚交叉，置于一侧。如女士着裙装，应在就座前从后面抚顺裙装再坐下。

图1-1　标准站姿

图1-2　标准坐姿

（3）行姿　行姿是人们在行走的过程中形成的姿态，常说的"行如风"就是形容人们行走时像风一样轻盈。正确的行姿是以标准站姿为基础的。行走时应动作协调，姿态优雅，步位准确，步幅适度，步速均匀，步伐从容；上身略向前倾，身体重心落在脚掌前部，双腿跟在一条直线上，双脚尖略开，约成10°，双肩平稳，双目平视，面带微笑，双臂前后自然摆动，手指自然弯曲，双臂与双腿成反向自然交替甩动，摆幅在30°～40°为宜，如图1-3所示。

（4）蹲姿　人们在拿取低处物品或拾取落在地上的东西时，应使用下蹲和屈膝的动作，这样可以避免弯曲上身和撅起臀部的不雅姿态。下蹲时，双腿合力支撑身体，避免滑倒或摔倒。

男士：一般采用高低式蹲姿，如图1-4所示。

女士：一般采用交叉式蹲姿，注意双腿并拢。女士着裙装时，下蹲前应先整理裙摆。

图1-3　标准行姿

4. 汽车服务顾问的礼仪规范

（1）握手礼仪　行握手礼时，上身稍向前倾，伸出右手，四指齐并，拇指张开，双方伸出的手一握即可，如图1-5所示。握手顺序为主人、长辈、上司、女士主动伸手，客人、晚辈、下属、男士再相迎握手。

图1-4　标准蹲姿

图1-5　握手礼仪展示

（2）鞠躬礼仪　行鞠躬礼时，须脱帽，呈立正姿势，面带微笑。男士双手自然下垂，贴放于身体两侧裤线处；女士的双手下垂叠放在腹前，上身前倾15°，如图1-6所示，时间持续1~3s即可。

图1-6　鞠躬礼仪展示

（3）递送物品礼仪　递送资料时，资料正面面对接受人，用双手递送，并对资料内容进行简单说明，如图1-7所示；如果是在桌子上方递交，切忌将资料推到客户面前；如果有必要，帮助客户找到其关心的页面，并做指引。递送锋利和尖锐的物品时，锋利和尖锐部位面朝自己，切忌对准客户。

（4）引导礼仪　向客户指引方向或指示物品时，手臂应自然伸出，手心向上，四指并拢，如图1-8所示，出手的位置根据与客户所处的位置而定。

图1-7　递送物品礼仪展示

图1-8　引导礼仪展示

　　引导客户进入展厅时，走在客户的斜前方，与客户步调保持一致，将门推开后，在展厅内请客户进入；如果展厅门为外开，则应将门拉开，请客户先进入展厅，并鞠躬示意。

　　引导客户进入展车时，走在客户的斜前方，与客户步调保持一致，并为客户拉开展车车门，请客户进入车内（开、关门时注意礼貌，站在不妨碍客户上下车的位置为客户开启车门，如果客户坐在驾驶位，应用左手开门，右手挡在车门框下为客户护住头部；如果客户坐在副驾驶位，则应用右手开门，左手挡在车门框下为客户护住头部）。

　　（5）名片礼仪　存放名片应使用名片夹，宜放在上衣口袋内。递送名片时，面带微笑，稍欠身，注视对方，将名片正面对着对方，用双手的拇指和食指分别捏住名片上端的两侧递送给对方，如图1-9所示。如果是坐着的，应当起身或欠身递送。

　　接受名片时必须点头表示感谢，同时要以同样的方式递出自己的名片，接着要花一些时间仔细阅读名片上的内容，并妥善保管。

　　（6）奉茶礼仪　客户落座后，询问客户所需饮料的种类，听到客户的要求后，重复饮料的名

图 1-9 递送名片礼仪展示

称进行确认；递送时，说"打扰一下"，按逆时针方向将饮料放在客户右手边，或双手奉上，如图 1-10 所示。若同一桌上有不同的饮料品种，分发前应先确认；递杯子时切忌碰到杯口；要注意奉茶的顺序，先老后少，先女士后男士。

图 1-10 奉茶礼仪展示

（7）走廊及楼梯间礼仪 不要站在走廊或楼梯间长时间谈话或声音过大而影响到客户；与客户或上级擦肩而过时，要主动让出通道，并行鞠躬礼；上下楼梯时，应热情主动地为客户进行引导，如图 1-11 所示；如遇到疑似迷路的客户，应主动引导。

（8）自我介绍礼仪 面带微笑，态度谦和，语气亲切，如图 1-12 所示；言简意赅，以半分钟左右为佳；介绍内容一般包括本人姓名、担任职务、所从事的具体工作等。介绍前应先向对方点头致意，得到回应再向对方介绍自己；如有介绍人在场，自我介绍则被视为不礼貌的行为。

（9）介绍他人礼仪 介绍的先后顺序为"尊者优先"：男士先介绍给女士，晚辈先介绍给长辈，下级先介绍给上级，客人先介绍给主人，熟悉的人先介绍给不熟悉的人；介绍他人的内容与自我介绍的内容大体相仿；作为第三者介绍他人时，要先向双方打声招呼，让被介绍双方都有所准备，如图 1-13 所示。

图 1-11　走廊及楼梯间礼仪展示

图 1-12　自我介绍礼仪展示

图 1-13　介绍他人礼仪展示

（10）电话礼仪　电话铃响 3 声内应接听电话，姿势端正，身体略微前倾，准备好纸笔，左手握听筒，右手根据需要随时做好记录，如图 1-14 所示。声音明快、亲切，面带微笑，态度认真；专有名词记录准确，来电人姓名、联系方式、转告内容都要详细记录并确认。投诉电话要耐心倾听、合理解答、及时反馈，对于自己无法解答的问题，及时寻求上司或同事的协助。通话结束后要致谢，原则上是等上级或客户先放下听筒，话筒要轻拿轻放。

（二）意识的培养

1. 服务意识

服务顾问是服务型岗位，服务的对象大部分是拥有车辆的人，服务顾问的服务意识特别重要。一句贴心的问候、一杯淡淡的清茶是服务客户最基本的要求，真正做到发自内心地喜爱自己的工作、热情地服务客户、想尽办法服务好客户是服务顾问应具备的服务精神。

图1-14　接听电话礼仪展示

2. 真诚互惠意识

服务顾问对外代表企业，对内代表客户利益，所以必须具备真诚互惠的意识，这样才能在本岗位发挥巨大的作用。如果工作中服务顾问的立场稍有偏颇，则可能损害一方的利益，唯有具备真诚互惠的意识，做好双方利益的平衡，才能维护好客户关系，保障企业的利益。

3. 沟通交往意识

一个合格的服务顾问必须具备良好的沟通交往意识。服务顾问的主要工作就是交流和沟通，要不断地和客户、维修技师、配件管理员、仓库管理员，甚至门卫、保洁员沟通，这种多角度、多层次的沟通只有能力是不够的，还必须具有沟通意识。日常工作中，因为沟通不畅造成内部矛盾、客户抱怨的例子不胜枚举。

4. 应变与创新意识

服务顾问每天要面对各种各样的问题，甚至是冲突，如价格是否合理、交车是否及时、配件质量、结算时间等。这时，服务顾问的应变与创新能力就特别关键。客户的满意度除了取决于企业能否满足其实际需求外，还与服务顾问应对复杂问题时的处理方案有关。所以面对各种局面时能够适时应变，能够创造性地开拓思路和解决问题是服务顾问必须具备的基本素质。

5. 良好的心理素质

接待工作相当繁杂，在心态上也需进行相应的调整，尤其在以下方面：

（1）处理客户投诉的心理调整　客户性格千差万别，在处理投诉时，有些客户的要求、态度或行为可能会对售后服务部的现行运作造成影响，服务顾问要及时调整心态，不能被影响，要有挑战是自我成长机会的认知。

（2）工作压力调适　服务顾问的工作除接待及服务客户外，还要完成公司制订的一系列指标，这样容易造成工作压力。专业的服务顾问应该懂得缓解自身的压力，寻找正面宣泄的渠道，避免将压力直接转移到客户身上，影响与客户的友好关系。

（3）人际关系培养　服务顾问是经销商及所属维修站的公关人员，为使工作顺利且客户满意，服务顾问在人际关系上必须全面培养，在做好与公司内部员工的良性沟通的同时，还应推动客户满意度的提升。

6. 塑造形象意识

服务顾问是企业形象的第一责任人，承担着塑造自身形象和企业形象的双重任务，所以应时刻注意自己的身份并具有塑造企业形象的意识，这也是服务顾问必须具备的基本素质。

（三）需具备的知识

服务顾问必须具备以下知识，并能够将此类知识熟练地应用到接待服务中，这样才能更有效、更专业地服务客户。

1. 掌握标准的流程知识

对服务流程以及公司动作有足够的了解，才能在实际工作中加以应用并严格执行。

2. 掌握汽车专业的知识

对汽车的基本结构和原理要有全面的掌握和了解，这样才能在工作中展现出专业性。

3. 掌握本品牌汽车的产品知识

熟悉本品牌汽车的产品知识，包括体系内各车型的商品常识、特性等，这样才能应对客户的问题，获得客户的信任。

4. 配件知识

熟悉常用配件使用和替代、编码知识，并能够及时准确更新相关知识。

5. 竞争者信息

掌握竞争汽车厂商的相关商品、特性及活动等，并与体系内产品进行优、劣比较。所谓"知己知彼，百战百胜"，在了解竞争产品的相关情况后，接待客户时就更能有的放矢进行说服。所以服务顾问平时需要多阅读汽车相关信息，也可通过不同渠道了解相关信息与知识。

6. 其他相关知识

服务顾问应利用业余时间学习与汽车相关的知识，如汽车专业英语等，掌握汽车检修相关的汽车专业英语知识，可以为今后的发展做好准备。

（四）需具备的工作技能

1. 故障诊断能力

能够迅速、准确地对汽车故障做出初步的判断，为后续的工作节省时间。

2. 基本维修技能

熟悉车辆维修的完整工艺流程，并能根据对工艺流程的掌握合理安排时间和人员等资源，以提升维修效率；初步了解机电检修及钣喷知识，以便在工作中为客户提供专业的意见。

3. 报价能力

熟练掌握报价系统，熟知工时费标准以及常用备件的价格等业务知识，能熟练应用到工作中，以有效服务客户。

4. 计算机操作

熟练操作计算机，能运用各类相关接待、维修、管理的软件进行工作。

一、实训目的

1. 掌握运用肢体语言的标准，认识肢体语言在服务顾问工作中的重要性。

2. 全面掌握服务顾问的商务礼仪。

二、实训要求

1. 指导教师对全班学生进行分组，每6～8人为一组，自行扮演角色，演示后交换。

2. 设定情景，内容包括问候、引导等各种礼仪标准及要求。

3. 表演模拟，各位学生自我介绍扮演的角色。

4. 每组依次上台进行实训操作，每组的学生代表点评，教师进行总结归纳。

三、实训步骤

第一步（学习准备）：教师引导学生解析学习目标，分析学习任务。引导学生进行任务实施前的学习，完成实训内容的任务准备。

第二步（制订计划）：教师引导学生根据已明确的学习任务，制订完成任务的计划。教师应引导学生培养团队协作、沟通聆听的意识。

学习计划应包含任务陈述、团队成员、学习资源（包含网络、教材资料）和具体安排。

第三步（任务实施）：以小组为单位展示学习成果。

四、实训内容

根据任务描述的情境，讨论并完成如下任务准备。

1. 完成本工作任务需要具备哪些方面的素质？

1) _____

2) _____

3) _____

4) _____

2. 接待客户过程中，对服务顾问有哪些职责要求？

1) _____

2) _____

3) _____

4) _____

3. 服务顾问的礼仪包含哪些内容？

1) _____

2) _____

3) _____

4) _____

4. 服务顾问的意识包含哪些内容？

1) _____

2) _____

3) _____

4) _____

5. 服务顾问需要具备哪些工作技能？

1) _____

2) _____

3) _____

4) _____

根据接待客户的礼仪要求及实施规范完成整个任务，教师注意引导学生填写评价表（表1-4）。

表1-4　学习任务完成质量评价表

考核内容	考核要求	配分	得分	
			自评	互评
学习计划	学习计划的全面性、可操作性	10		
展示完整性	在规定时间内完成相关的礼仪动作	30		
展示标准度	按照标准与实施规范接待客户	30		
商务礼仪	与客户交流过程中使用标准商务礼仪	10		
亲和力	与客户交流过程中具有亲和力	20		
合计	—	100		
操作时间	开始时间：　　　结束时间：　　　实际用时：			

在完成本项目学习任务后，通过小组会的形式进行总结和思考，由教师指导学生填写学习过程评价反馈表（表1-5）。

表1-5　学习过程评价反馈表

序　号	评价内容	分值	自评分	他人评分	实际得分
1	独立完成的任务	15			
2	小组合作完成的任务	20			
3	教师指导下完成的任务	15			
4	是否达到了学习目标，能否熟练掌握仪容、仪表、仪态及其他礼仪标准和要求	40			
5	存在的问题及建议	10			

注：实际得分 =（自评分 + 他人评分）/2。

一、着装规范

1. 男士着装的具体要求（图1-15）

1）必须保持衣装整齐、干净，无污迹和明显皱褶；扣好纽扣，调正领带、领结或领花；西服不宜过长或过短，一般以盖住臀部为宜；衬衫袖口不宜过肥，一般袖口与手腕间的距离应不大于2cm；衬衫袖口要露出西装袖口3～5cm，而且应扣上纽扣；西服扣子一般是两个，但只需要扣上面一个（如是三个则只扣中间一个）。

2）皮带和鞋子应为同色系，且应选择黑色，样式简单不夸张；穿西服时应穿皮鞋。

3）西服上衣的口袋原则上不应装东西，上衣领子不应乱戴徽章，装饰以少为宜；衣袋中不应多装物品。

4）裤子应保持干净、平整，并烫出裤线。

5）袜子应选择黑色或藏青色的深色棉质袜子，不能搭配白色袜子。最好选择专门的西服袜，袜子的长度以坐下时不露出腿部肌肤为宜。

6）皮鞋要保持干净、光亮。

7）领带夹的正确位置是在6颗扣衬衫从上往下数第4颗扣的地方，不要有意把领带夹暴露在他人视野中。

8）头发要常修剪，发脚长度应保持不盖耳部和不触衣领。

9）不得留胡须，要每天修脸，以无胡须为合格；不得化妆。

10）手部保持清洁干爽，无污垢。

2. 女士着装的具体要求（图1-16）

1）女士要化淡妆，要求粉底不能太厚，且要保持均匀，与皮肤底色协调；眼影以不易被明显察觉为宜，眼线不要勾画太重，眉毛要描得自然，原则上以弥补眉形的轻描为主，不许文眉或因勾描过重而产生文眉的效果；腮红以较淡和弥补脸型不足为基本标准，并能体现出饱满精神和青春朝气。

2）不得留指甲，不得涂有色指甲油。

3）忌用过多香水或使用刺激性气味强的香水。

4）头发要常洗，上班前要梳理整齐，可适当使用定型用品，保证无头屑。

图1-15　男士着装要求

在为客户服务时，不得露出厌烦、冷淡、愤怒、僵硬、紧张和恐惧的表情，要友好、热情、精神饱满和风度优雅地为客户服务。提倡每天洗澡，换洗衣物，以免身体散发出汗味或其他异味。接待桌上不宜摆放过多物品，凡是客户能够看见的地方都要时刻保持整洁。

图1-16　女士着装要求

二、服务顾问职业准则

1. 守时

守时是一个基本的礼节问题，它代表着对一个人的尊重。

2. 守信

与客户打交道，最重要的一点就是言而有信。如果对客户的许诺言而无信，客户将对维修企业失去信心，会离开另谋他处。要做到守信，应注意以下几点：

1）不可随意答应没有把握的事。

2）对有把握的事，也需要周密、反复地考虑后才能答应。

3）在答应客户要求前，要弄清楚客户所需要的信息和目的。

4）当不能当场回答客户所提的问题时，应说"我会尽快给您答复"，并于晚些给客户一个肯定的答复。

5）为了防止遗忘，应把客户姓名、许诺的事项等记录在备忘录上，便于随时查看落实情况。

6）在许诺时应留有足够的回旋余地，不能让热心或利益冲昏了头脑。一旦做出许诺，若无法满足客户要求，可能会引起客户的不满。通常在许诺时应注意：只答应有把握的事，而不是客户希望做到的事。

3. 以客户为中心

为了做好对客户的服务工作，应树立以客户为中心的理念，把为客户服务作为工作的中心。为客户所做的服务对于服务顾问来说可能是举手之劳，但却解决了客户的难处。

4. 以同事为客户

把同事看成自己的"客户"可以提高维修企业内部人员的整体素质，提高员工工作的主动性、积极性和协作互助的精神，扩大企业经营能力。

5. 理解第一

服务顾问要与不同的客户打交道，即使服务顾问技能很娴熟，也很难得到所有客户的认同。如果遇到客户埋怨情况，服务顾问要站在客户的角度，对客户表示理解。

6. 忍让为先

无论服务顾问的工作多么出色，也难免遇到大发雷霆、吹毛求疵的客户，当这种情况出现时，必须遵守忍让为先的原则，以高度的涵养妥善处理好与这类客户的关系。

7. 微笑服务

微笑服务是业务接待中最基本的服务手段，微笑会使人产生亲切、热情、平易近人的感觉。微笑具有沟通情感、传递信息的作用，服务顾问要养成微笑服务的习惯。

服务顾问应面带微笑，精神饱满，保持专注和友好的表情，目光柔和，双眼略微睁大，眉头自然舒展，眉毛微微向上扬起，如图 1-17 所示。微笑时要力求表里如一，发自内心的微笑会自然调动人的五官。

图 1-17　微笑

三、接待的原则与技巧

1. 交谈的原则与技巧

（1）交谈的原则

1）充分、认真聆听。充分、认真聆听是对客户的一种尊重和礼貌，也是互动交流的基础，聆听时需认真，要积极回答客户的问题，并且不断地通过"是""对""嗯"等简短应答反馈客户。

2）言语适度。在交流过程中，用语要适时、适量和适度。

3）运用肢体语言。运用适量肢体语言，不可过多或过快，避免慢半拍，以免引起误解，忌用不礼貌的肢体语言。

4）避讳隐私。由于风俗习惯、政治信仰等的不同，有些话题在交谈中非常敏感，很容易引起反感，因此要回避这些谈话内容。同时应避免在初次见面时询问客户过多的个人信息。

5）保持正确的礼仪距离。为表示对客户的尊重，并使其有安全感，在与客户交谈时应保持1m左右的距离。

6）常用的基本礼貌用语。在接待客户时，服务顾问要善于使用礼貌用语，常用的基本礼貌用语有您好、欢迎光临、谢谢、对不起、再见等。

（2）交谈的技巧

1）交谈内容要"就地取材""随机应变"。刚开始与客户接触，一般要先寒暄几句，如果开门见山、单刀直入，会给人唐突的感觉。不妨结合所处的环境，就地取材引出适当的话题，恰当的开场白会使气氛融洽。还可以根据情况适时转换话题，使交谈自然融洽地进行。

2）交谈内容以客户为主。客户上门，多数是遇到了麻烦。与客户交谈时，应以客户的诉求为中心，围绕客户的表述展开。

3）多谈客户感兴趣的话题。与客户交谈时，可以试着从客户的话语中找到其兴趣所在，让其对自己感兴趣的话题发表看法等。如此交谈可以丰富谈话内容，使交谈变得生动有趣。

2. 倾听的技巧

良好的倾听技巧可以解决与客户沟通中的许多问题，下面简单地介绍几个倾听技巧。

（1）不随意打断客户　好的倾听者不会因自己的主观想法有意打断客户讲话，随意打断客户会打击客户说话的热情和积极性。

（2）适当复述帮助准确理解　复述客户的话，其作用是明确客户的意思和观点。服务顾问可以说"我的理解是……"或"您的意思是……"不要假装以为自己已经理解客户的意图，以免曲解客户的意思。如果对客户的话仍有疑惑，或漏掉客户的一些话，可以请客户重复一遍。

（3）肯定对方讲话的内容　在交谈中，应适时给予客户积极的评价和肯定，这是获得客户好感的诀窍。

（4）配合恰当的肢体语言　与客户交谈时，对客户的事情关心与否，往往直接反映在脸上和肢体语言上。应注意使用恰当的身体姿势、手势、脸部表情等，让倾听更有效。

（5）保持微笑　微笑是人际关系中最好的润滑剂，服务顾问在接待客户时要时刻保持微笑。

3. 沟通的原则与技巧

（1）沟通的原则

1）勿逞一时的口舌之能。与客户沟通最忌讳的就是逞一时的口舌之能，这样不但无法真正说服客户，还会给以后的工作增加难度。真正的沟通不是与客户争辩，而是引导客户接受你的观点或向你的观点"倾斜"，晓之以理，动之以情。

2）尊重客户。与客户沟通时应注意态度和措辞，尊重客户，顾全客户的面子。

3）少用专业术语。在与客户沟通时，如需使用专业术语，最好的办法就是用简单的例子、浅显的方法来说明，并耐心地解释，让客户容易了解和接受。

4）维护企业利益。维护企业的合法利益是每一位员工的责任，也是与客户沟通的出发点和基本原则。在与客户沟通时，不能以损害企业的利益为代价博取客户的欢心，更不能损害企业或他人的利益来谋取私利。

（2）沟通的技巧

1）了解客户的需求。了解与掌握客户的心理和需求，才可以在沟通过程中有的放矢，适当地投其所好，更好地解决问题。

2）记住客户的名字。记住客户的名字，可以使其感到愉快且有一种受重视的满足感，这在沟通交往中是一项非常有用的法宝。

3）不要吝啬赞美。经常给予客户赞美会改变客户的态度，缩短双方的距离，增加亲切感。

4）学会倾听。服务顾问要善于倾听客户的倾诉，做一名忠实的听众，让客户知道你在听，不管是赞扬还是抱怨，都要认真对待。

5）付出真诚与热情。只有对客户真诚，客户才会回以真诚，从而达到良好的沟通效果。

6）随机应变。不同场合需要不同的沟通方式，对不同的客户也要采取不同的沟通方法。

任务二 预约服务

在生活节奏日益加快的今天，做任何事都追求效率，住宿要预约，用餐要预定，汽车维修也需要预约。整体汽车市场的完善离不开售后服务市场的发展，而客户预约服务则是提升售后服务效率与质量的重要环节。客户预约服务就是客户与维修企业提前联系，在约定的时间内，客户将车开到维修企业，进行一定项目的维修维护，维修企业承诺在规定时间内将维修维护车辆交付客户。预约服务以其快捷方便的优势提高了汽车维修维护的效率，有效节省了客户与维修企业的时间。

通过对电话预约内容以及预约服务整体流程的学习，完成任务描述，并进行角色模拟演练，在演练中熟悉、准确掌握预约服务的流程和内容，从而体现出接待服务的职业化、专业化和规范化。

学习目标

目标名称	目标内容
知识目标	1. 能准确表述预约的基本话术
	2. 能理解预约的作用和好处
技能目标	1. 熟练掌握电话预约的内容及要求
	2. 能按照预约服务的整体流程进行电话预约（本任务主要介绍电话预约）
情感目标	1. 培养学生爱岗敬业的职业道德
	2. 培养学生良好的服务意识

建议学时：8 课时。

任务描述

客户李女士想通过电话预约，对自己的爱车进行 5000km 的常规维护。她致电汽车 4S 店，服务顾问张华接听了李女士的来电，并为李女士进行了车辆维护预约登记。

知识准备

预约主要通过电话预约完成，通常分为主动预约和被动预约两种形式。主动预约是指 4S 店根据提醒服务系统及客户档案，预约客户进行维修与维护。被动预约是指客户主动与 4S 店预约。服务顾问在预约过程中应能够使用标准欢迎用语，且能够使用标准普通话。服务顾问在接听电话时应能够准确询问客户的姓名、车型、车号及行驶里程等基本信息，且能够在电话中了解并分析客户需求。在预约结束时，服务顾问应能够正确感谢客户来电，并在预约结束后确认维修技师和工位的准备，确认维修配件。

一、预约服务的整体流程

为保证预约作业得到有效实施，企业需要建立和完善一套规范的专业流程，使维修工作减少突发性，增强计划性，更合理地调配企业资源。此外，预约作业本身就是企业计划生产，充分挖掘生产潜能的一项重要举措。一般来说，维修企业预约作业流程如图 2-1 所示。

1. 预约准备

为做好预约工作，顺利地与客户沟通，预约前必须完成以下准备工作。

1）准备预约登记表、预约排班表和预约看板。

2）查找出客户信息及维修历史，熟悉所预约客户的兴趣爱好。

3）了解车间的维修能力、可预约时段和配件供应能力。

4）设定好预约和直接上门客户的目标比例，确定各时间段可预约的客户数。

5）设计预约模式。

6）预约说明。

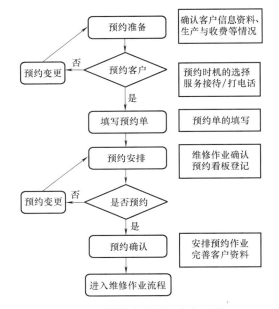

图 2-1　维修企业预约作业流程

7）告知特别活动、维护提醒、免费检测、缺件到货、保险到期和保修情况提醒等，介绍服务内容及特点。

话术举例：

"××先生/女士，打扰您了，我是××售后服务中心的服务顾问××，我们将于××日开展免费检测服务/您的车已到维护期了，我这里利用几分钟时间帮您预约一下服务，可以吗？"

"××先生/女士，打扰您了，我是××售后服务中心的服务顾问××，您所需的配件已到，请问您什么时候方便过来更换？"

2. 预约客户

1）主动预约　主动预约一般采用电话预约的方式，也是汽车 4S 店常用的预约方式。首先，要注意选择预约时机，打预约电话的最佳时段为 8：30 ~ 10：00 及 14：30 ~ 17：00。其次，要充分尊重客户意见，如客户同意预约，则填写预约单，安排预约；若客户不方便预约，则应与客户约定时间再行联系，记录下次预约时间，填写客户资料，以备下次预约时参考。

2）被动预约　被动预约是指客户主动来电或来访汽车 4S 店，要求安排预约项目。此时要详细记录客户姓名、联系方式、预约事项及预计来店时间，填写预约单，进行作业安排。

3）现场预约　现场预约是指客户亲自到店来访问维修维护项目。如客户现场预约的维修项目需要不常用高价值配件，服务顾问应按厂家规定预收客户押金。

3. 预约实施

（1）填写预约单　服务顾问接打预约电话后，要根据记录及服务管理系统，完成维修预约单据的填写，以便所有服务顾问都可以查询近期客户预约状况。维修维护预约登记表见表 2-1。

（2）预约安排及要求

1）服务顾问要在预约日前一天与维修车间沟通确认预约工作量，以便合理安排工作。

表 2-1　维修维护预约登记表

预约登记表

表格编号：_____

您好，_____服务站，我是服务顾问_____/预约员_____，请问您怎么称呼？

_____先生/女士，请问还有什么可以帮到您？

客户姓名：_____车牌号：_____　　　　　是否来过本站：是（　）　否（　）

为了您的预约顺利进行，请允许我与您核对您的信息是否准确。

车辆行驶里程/km：_____。

联系电话：_____。

联系地址：_____。

（若客户不愿意提供详细地址，可问什么区）

先生/女士，请问您的车这次预约是维修还是维护呢？维修（　）维护（　）其他（　）

（如果不是维护，填写下表）

客户描述	客户故障描述 （何时、何地、怎样、出现的频率）	预计工时	固定项目价格	备　注
	1.			
	2.			
	3.			
	4.			

您本次预约的维修项目是_____（重新核对上表内容），请问您还有其他需要吗？

其他需求：_____。

您这次预约的维修工作大约需要____小时，我们可以给您预约__日__时或__日__时，您哪个时间方便？（确定进厂时间是　　　　　　）

我们的服务顾问_____会负责接待您，他将在____时间给您打电话以确保您能准时进厂，另外，您的预约工位和技师将为您保留 15 分钟，希望您可以准时进站。

请您携带如下文件：1._____　2._____　3._____　4._____

某先生/女士，非常感谢您本次的预约，我们将等候您的光临。再见！

2）维修车间主管接到维修维护预约单后，进行次日维修计划安排，并将安排情况记录在预约排班表中。预约排班表经维修车间主管签字后返回服务顾问和维修服务主管处。

3）维修服务主管依据预约排班表内容安排维修技师，并通知配件部备料。如果没有配件，应立即通知服务顾问，由服务顾问告知客户，重新确定预约时间。

4）对因维修质量问题需要返工的车辆，可尊重客户意见优先安排维修服务。

4. 预约确认

预约确认能降低客户"失约"的概率，避免由于影响维修车间的安排而降低服务效率。预约确认的工作内容及要求见表 2-2。

表 2-2　预约确认的工作内容及要求

序号	预约确认的工作内容及要求
1	对预约客户，在约定维修时间前 1 小时内，服务顾问应与客户再次确认，明确客户需求及预约维修时间；对不能按预约时间来店的客户，应和客户做更改或取消预约的确认
2	对更改或取消预约的客户，服务顾问应及时将信息反馈给维修服务主管
3	确认预约通话结束前，提醒客户进店时需携带的文件资料，如维护手册、行驶证、驾驶证等
4	在和预约客户约定时间后的 24 小时内，服务顾问应查询客户是否来店，如未来店，则应跟进客户，询问原因或做更改、取消预约确认
5	对已经确认来店的客户，安排预约作业，登记预约看板
6	通知接车员提前准备接待预约客户，车间依预约看板登记顺序安排维修派工

二、常用的预约方式——电话预约

预约是维修服务流程的第一步，客户对企业的承诺一般都抱有很高的期望。客户在最初的接待中对服务质量的体验取决于其预期期望，预约服务必须出色完成以超出客户的期望，因为没有第二次机会来形成良好的第一印象。预约包括电话预约（图 2-2）和现场预约两种，本任务主要介绍电话预约。

1. 客户期望分析

在与客户进行电话预约前，服务顾问应该对客户的心理期盼做到心中有数，通常客户期望包含如下内容：

（1）联系畅通　在营业时间及营业时间之外都能进行联系，联系方式有微信、QQ、电子邮件、24 小时救援电话等。

（2）友好的态度与完整的信息收集　服

图 2-2　电话预约

务顾问专业、热心、耐心，能致以友好的问候和建议，掌握所有重要客户的信息，完全了解客户车辆的历史，录入新客户的详细资料和车辆数据。

（3）需求评估和咨询　服务顾问能仔细地记录所有必要信息、客户的愿望及关注点，能根据客户的愿望和要求来调整所提供的建议，最终确定协议的相关报价。建议所涉及的主要内容见表 2-3。

表 2-3　建议所涉及的主要内容

序号	主 要 内 容	序号	主 要 内 容
1	维修及服务范围	5	替换车
2	提供专项服务，例如更换轮胎等	6	初步的取车日期
3	接车时间及类型	7	可接受的价格
4	指定的服务顾问	8	总结各项约定，感谢客户致电并友好地道别

2. 基本要求

为满足客户的预约需求，汽车 4S 店对电话预约的设置必须满足以下要求。

1）以客户和市场为导向的营业时间（设在明显位置）。

2）营业时间之外要有电子邮箱、24 小时救援电话留言的应答电话系统和工作信件的晚间传递信箱。

3）具备替换车服务管理功能的客服中心。

4）可足够调度的适合于工作岗位并有相关资质的员工。

5）高性能的电话系统，不用长时间等待，不存在系统过载。

6）使用客户关系管理系统（以下简称 CRM 系统）的预约模板。

3. 预约流程的要点及其要求

（1）联系畅通并友好问候

1）核心信息。一定要由专业的、热心的、专注的员工向客户致以友好的问候并提供咨询，企业要充分利用这次机会。

2）设置本流程的负责人——服务顾问。

3）准备好本流程所需的辅助工具，如电话簿、记事本、人员出勤计划表等。

4）流程内容。负责安排预约的员工要在 3 次响铃之内接听客户来电，友好地欢迎客户并将注意记录客户姓名及来电的原因。

5）完成本流程必须遵守的行为规范。

① 明确电话接听的责任。

规范行为：首先表明接听者的姓名、职责和职位。向客户说明自己的姓名、职责和职位，可确保快速反应时间，表现对客户的重视。客户知道与自己通话者的姓名可消除匿名感，有利于建立信任。

禁忌：不能出现无人接听或电话响铃好几次之后才接（超过 3 次）的情况。联系不畅以及长时间的等待会激怒客户，人们在电话中的忍耐度要比面对面接触时低。

② 注意接听态度并有意识地放慢问候语速。

规范行为：

a. 坐在椅子上时要双脚着地（与地面接触），一个稳定的姿态会使人内心保持平静、自信和稳定，如图 2-3 所示。

图 2-3 接听电话的正确坐姿

b. 舒缓清晰地说话，这有助于完成一次高质量的通话。

c. 用某先生/女士对客户进行问候，确保自己能记住并使用这些称呼，将所有重要的信息记录下来。如果能详细地将信息重复，可表示出服务人员对客户的高度重视。

d. 如果使用数字电话系统，要询问客户是否同意录音，应把客户的电话号码添加到记录中。询问并确定在必要时能否通过这个号码与其取得联系，这是一个特别重视客户的表现。一旦发生电话线路中断的情况，能够给客户回拨电话。服务人员不应把麦克风放在喉部或放在一旁，要直接对着麦克风讲话，如图2-4所示，否则背景噪声会很明显。

禁忌：不要把座机话筒夹在耳朵和肩部之间，如图2-5所示，这会使声音和呼吸声听起来像是"被挤压"了。

图2-4   正确扣耳麦的姿势

图2-5   接听电话的错误姿势

③ 留意客户关注的问题。

规范行为：集中全部注意力对待客户，不要仅仅听取内容，要听出"细微的差别"。可以用一些确认词来表明服务人员正在注意倾听，如"好的""明白了""是的""我理解"等，这表明服务人员对客户关注的问题是感兴趣的，客户会感觉到服务人员对他（她）的尊重。

禁忌：

a. 在通话期间，避免做其他的事情。客户会察觉到服务人员在做其他事情，其满意度会下降。

b. 不在通话中打断对方。打断对方会影响谈话对方的思路，以致对方不能完整地表达自己的想法，这将使对方交谈的兴致受到影响。

④ 总结客户需求并要求客户予以确认。

规范行为：总结要点并定时提及客户的名字。可以用类似"您看我总结的是否正确，这样服务顾问可以更好地为您做预约的准备"的话语告诉客户确认其需求内容很重要。

⑤ 结束访问。

规范行为：同客户道别之前，用下列问题结束通话："某女士/先生，请问我是否满足了您的愿望和要求？"这个问题表明服务人员希望尽全力来满足客户关心的事情。

⑥ 感谢客户的来电并道别。

规范行为：友好地感谢客户的来电并道别，如"某女士/先生，感谢您的来电和对我们的信任。"当服务人员感谢客户的来电时，尽管这也是客户关注的，但客户也许并没期望服务人员能对此表示感谢，因此服务人员所做的已经超出了客户的期望。

范例：

服务顾问："您好！欢迎致电××汽车4S店，我是预约服务专员张华，很高兴为您服务。"

客户："我想预约做一次一万公里的维护可以吗？"

服务顾问："当然可以，预约做一万公里维护是吗？非常感谢，那么我想了解一下具体情况，请问您现在时间上方便吗？"

客户："方便的。"

服务顾问："那么请您先告诉我您的姓名和车牌号，我来准备您的维护记录，您看可以吗？"

客户："李星，车牌号桂B123456。"

服务顾问："明白了，李星先生，车牌号是桂B123456，对吗？"

客户："是的，没错。"

服务顾问："好的，谢谢您！请您稍等片刻好吗？我查一下您的车辆资料。"

服务顾问："让您久等了，您是（详细地址）的李星先生，于×年×月×日购买的××车型，对吗？"

或者可以这样说："让您久等了，很抱歉李星先生，您的车辆没有到我们特约店进行过维修，所以在您来我们特约店时请带上您的行驶证、驾驶证和维护手册。""现在，请问您的电话号码是多少？""请问您的车辆型号是？"

客户："电话是18877228888，车辆型号是别克英朗1.6T。"

服务顾问："好的，谢谢您！那么李星先生，请问您希望在哪一天哪个时间段做这个一万公里的维护呢？"

客户："我希望在1月23日下午2点左右。"

服务顾问："明白了，1月23日下午2点左右，对吧？这个时间可以安排您的预约时间，您到时可以来我们店对吗？"

或者可以这样说："很抱歉，在这个时间已经预约满了，您看可以在1月23日下午4点或24日早上10点吗？届时我们将优先安排您的作业。"

客户："对的，好的，到时可以去，谢谢！"或者："那就预约1月23日下午4点吧。"

服务顾问："谢谢！顺便问一下，您的爱车除了要维护以外，还发现有什么别的问题吗？无论什么方面的问题都可以告诉我。""如无其他问题，您的车辆的维护时间大约为一小时，您时间上方便吗？"

客户："没有发现别的问题，一小时可以接受。"

服务顾问："您是否在店内等待车辆完工呢？"

客户："在店内等待车辆完工。"

服务顾问："那么请让我再确认一下，李星先生您预约1月23日下午4点来店进行一万公里的车辆维护，您看有问题吗？"

客户："嗯，没有问题。"

服务顾问："好的，谢谢，那么现在我向您说明一下收费情况吧，一万公里维护的基本费用是××元，到时候根据维护检查情况，有可能需要进行其他的追加维修，关于其他方面的具体情况，我们会在您光临本店时进行详细说明。""另外，我们会在预约时间前一天再给您打电话确认，您看在什么时候给您打电话方便呢？"

客户："可以随时打过来。"

服务顾问："好的，李星先生，感谢您今天来电预约做一万公里的车辆维护，我叫张华，已经受理了您的预约，如果您有什么问题，请随时与我们联系。那么，我们届时将恭候您的光临，再次感谢您来电预约，再见！"

（2）录入客户及车辆详细资料

1）核心信息。数据管理系统能完整录入并维护客户及车辆的详细资料，企业全部掌握并会谨慎处理客户的个人信息。

2）负责人：服务顾问。

3）辅助工具：数据录入清单，CRM 系统。

4）流程：如果应用 CRM 系统，服务顾问能够调取客户详细资料并检查客户名字的准确写法。如果系统中已存有该客户的详细资料（核心客户），服务顾问能用来检查信息的有效性（必要时可更新并补充信息）。如果没有客户的详细资料，服务顾问则需创建新的客户档案。所需的客户资料如下：

① 姓名，车主和车辆使用者的地址。

② 电话号码（包括移动电话），电子邮箱地址。

③ 发票抬头（租赁、保险、大客户）。

④ 客户特点，如付款方式、喜欢的服务顾问等。

⑤ 客户简介，如销售顾问记录的该客户的相关信息，包括爱好、生日、职业等。

⑥ 车辆信息可以通过车牌号在 CRM 系统中检索出来。如果系统中已经存在，检查车辆信息的有效性，必要时进行更新和补充。如果不存在，则应输入车辆详细资料。车辆详细资料包括底盘号、车牌号、当前行驶里程、常规检测信息、维修或服务协议等。

CRM 系统显示的预约客户信息界面如图 2-6 所示。

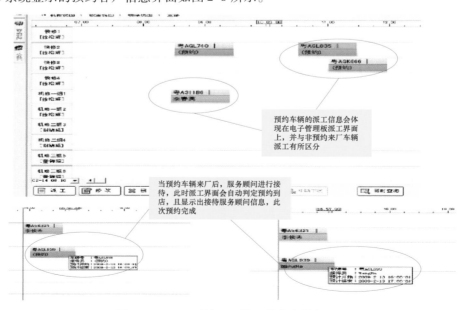

图 2-6　CRM 系统显示的预约客户信息界面

5）完成本流程必须遵守的行为规范。

① 讨论所需时间并提供回复电话服务。

规范行为：由于创建并更新数据需要时间，可以为客户提供免费的电话回复服务。用类似"我将用××分钟左右的时间来完成您的预约并更新您的资料，可以吗？感谢您的等待"的话语，告诉客户输入数据需要多长时间，这样将会给客户留下良好的印象。客户极少要求回电话，但这样做能被理解。

> 范例：
>
> 服务顾问："您好！欢迎致电××汽车4S店，我是服务顾问小李，很高兴为您服务。"
>
> 客户："我想预约做一次五千公里的维护可以吗？"
>
> 服务顾问："当然可以，预约做五千公里维护是吗？非常感谢，那么我将用××分钟左右时间来完成您的预约并更新您的资料，可以吗？"
>
> 客户："嗯，好的。"
>
> 服务顾问："感谢您的等待。那么请您先告诉我您的姓名和车牌号，我来准备您的维护记录，您看可以吗？"
>
> 客户："陈浩，车牌号桂A123456。"
>
> 服务顾问："明白了，陈浩先生，车牌号是桂A123456，对吗？"
>
> 客户："是的，没错。"
>
> 服务顾问："好的，谢谢您！请您稍等片刻好吗？我查一下您的车辆资料。"
>
> 服务顾问："让您久等了，很抱歉陈浩先生，您的车辆没有到我们特约店进行过维修，所以在您来我们特约店时请带上您的行驶证、驾驶证和维护手册。""现在，请问您的电话号码是多少？""请问您的车辆型号是？"
>
> 客户："电话是1887722××××，车辆型号是别克英朗1.6T。"
>
> ……

② 征询客户同意以更新详细资料或创建一份新档案。

规范行为：

a. 向客户解释为什么服务人员要核对这个信息。如果服务人员输入数据超过一定时间，要向客户解释服务人员的工作。在电话中，客户看不到服务人员正在做什么，这会导致不满。

b. 向客户提出以下问题："我能询问您当前的详细资料来更新我们的系统吗？""我们能通过电子邮件将相关信息发送给您吗？""如果您能简短地回答我几个关于您的爱车问题，将有助于我们做好服务准备，节省您在接车时的宝贵时间。""我们将尽可能地为您的光顾做好准备并节省您不必要的等待时间。"完全准确地掌握客户和车辆信息是做好接车准备的基础。由于服务人员直接接触客户，因此应利用这个机会尽可能地从客户那里收集"实时"信息。

③ 提问技巧：开放式提问。

规范行为：用开放式的问题引导客户。引导性的问题可以让客户有多种选项，允许客户展开并创建新的可能性，客户会积极参与到这次通话中，而积极性会引发一个积极的潜在情绪，有助于从客户那里获得更多的信息。

④ 对客户的合作表示感谢。

规范行为：在交谈中使用尊称是礼貌沟通的一部分，如"某女士/先生，谢谢您的耐心与合作"。

（3）详细评估

1）核心信息。努力用心地记录所有必要信息，包括客户希望和关注的事情，使客户获得与其期望和特点相符的有针对性的建议。

2）负责人：服务顾问。

3）辅助工具：CRM系统、车辆技术解决方案、召回/维修历史/车辆个性化信息，车辆信息反馈单。

4）流程：服务顾问需要知道客户关注的事情、所需的服务和任何可能存在的问题。仔细倾听，以获得相关的信息。通过询问引导性的问题，来获得客户完整的信息并了解客户的关注点。

5）完成本流程必须遵守的行为规范。

① 确保记下所有客户的重要信息。

规范行为：保证记下所有客户提供给服务人员的重要信息，并让客户知道服务人员在记录，这表明服务人员对此特别重视。

② 留意客户关注的问题。

规范行为：集中全部注意力对待客户，并且不要仅仅听取内容，而要听出"细微的差别"。记录客户提到的所有要点，这将确保服务人员不会丢失任何信息，并能在以后的接触中，通过重提这些详细资料提升客户满意度同时能避免出现重复相同问题的错误。

③ 总结客户的需求并寻求客户确认。

规范行为：总结要点并适时提及客户的尊称。

④ 重视客户关注的事情及客户感受。

规范行为：

a. 与客户确定维修需求，通过确认以获得客户的授权。重视客户关注的事情和客户的感受，并认真对待。可以说："根据您向我描述的，您的服务顾问将详细检查您的车辆，并且在必要的时候进行路试，然后做出准确的诊断。"

b. 对每一步进行示范，告诉客户服务人员想要做什么，边做边讲。

禁忌：不要忽略客户的感受，也就是说，如果客户认为他能听到车辆异响，不要解释说"那是不对的"。客户的感受是非常个人化的，如果不重视客户的感受，就是不重视客户本人。

⑤ 完成所需的服务，并能提供个性化服务。

规范行为：向客户提供功能性和个性化的服务。服务人员的任务就是要满足客户的需求，所有客户都喜欢个性化的服务。服务人员所提供的适合的服务应使客户感觉这是为其"量身定制"的。

⑥ 推荐额外的服务（如特别的促销服务、车辆检查、内部清洁）。

规范行为：

a. 利用每个与客户交流的机会进行销售服务。可以说："现在，我们有一个性价比很高的轮胎促销活动，您的服务顾问在接车时将检查您的轮胎。我可以把季节价目表附在您的报价单中吗？"

b. 检查制造年份，检查车辆索赔，如果客户没有，将它们纳入报价单中。这是让客户与公司继续保持联系的机会。对于客户来说，这个项目意味着可以用更简单的方式去处理结算单。

⑦ 有针对性地对待客户车辆。

规范行为：

a. 询问客户对清洗客户车辆是否有特殊要求。因为客户希望其车辆得到细心呵护，所以希望服务人员对他的车也同样关爱。

b. 询问客户当服务顾问接车时，是否有特别需要注意之处。通过这种个性化的关心或关注，表达对客户特别的重视。

（4）告知并确认报价协议

1）核心信息。给客户一个合理的报价，这将增强客户对企业价格透明性和专业化的感知，从而提升客户的忠诚度。

2）负责人：服务顾问。

3）辅助工具：CRM 系统。

4）流程：服务顾问利用 CRM 系统中可利用的资源来满足已确定的维修需求。然后为客户安排预约服务的时间，并在 CRM 系统中与客户确认商议的时间。

① 接车时间，结合系统中给出的客户特征信息，为客户提供几个预约时间和服务顾问供其选择。为做车辆诊断的客户留出足够的时间并告知客户，通常应该为接车预留至少 1 分钟，为取车预留 30 分钟，为重复维修的客户提供优先预约服务。

② 接车方式，邀请客户参与车辆诊断。

③ 替换车。建议、同意并标记替换车选项：取送车服务，免费班车服务，其他选择（报销出租车费、报销公交车票）。

④ 取车时间。与客户对此进行商议并提前确认；在接车并确定实际的维修项目后，对约定的取车时间与客户达成协议。

⑤ 报价。约定的价格由标准工作及固定的价格包所决定；其他维修的报价在完全诊断之后才会给出；始终根据维修范围进行合理报价，指出最小和最大范围区间并列出价格清单；始终在 CRM 系统中记录价格；若客户要求，则把价格列表和服务范围发给客户。

5）完成本流程必须遵守的行为规范。

① 给出两个预约时间供客户选择。

规范行为：

a. 提供两个可选择的预约时间并让客户决定。可说："您更喜欢哪个时间，星期二下午 2 点 15 分还是星期五早晨 8 点 15 分？"

b. 问候客户并提出准时的要求。可说："提前在此感谢您能准时到达，这将使您避免不必要的等待。"准时能节省客户的时间，应让客户知道遵守时间的好处。

禁忌：尽量只给出两个选择供客户挑选，超过两种选择会给客户带来过多的压力。

② 与客户商议时间范围。

规范行为：与客户商议时间范围，如星期五早晨 8 点 15 分到 8 点 45 分而不是 8 点，这样客户可以更好地计划时间。时间区间比整点的时间更好，这可以增强客户的准时性。

③ 介绍服务顾问。

规范行为：给出服务顾问的姓名，如："您的服务顾问，××女士/先生，将会负责接待您，可以吗？"信息能够建立信任，告知客户服务顾问的名字能避免客户无法称呼服务顾问，当客户光临时，方便找到服务顾问。

④ 详细诊断，达成共识。

规范行为：邀请客户参加诊断，经过详细的诊断，达成共识。工作方法要符合品牌的要求。诊断是建立在相关人员精通专业知识的基础上，所以可以把它展示给客户，不可把客户当成外行，任何人对自己所关注的事情往往都是行家。

⑤ 接车业务。

规范行为：如果正从客户那里接车，要使用防尘套，必要时要戴手套，而且应对车内物品列一个清单并且让客户签字确认。当着客户的面，在客户的车上使用保护装备表示对客户的重视，同时可避免弄脏客户的车。

⑥ 提出两个可供选择的预约取车时间。

规范行为：提供两个预约取车时间让客户自己来决定。可以说："进行的这项维修预计需要两天时间，您想选择哪个时间取车，星期二下午 2 点 15 分还是 3 点 15 分？"

⑦ 服务项目透明。

规范行为：

a. 服务顾问必须能够随时说出标准工时和额外的服务套餐项目的价格。如果不知道确切的价格，应该给客户回复电话告知，只有这样才能保证服务是透明的。

b. 协议是约定的，告知客户在服务完成之前，客户将收到书面形式的报价。

（5）总结并与客户告别

1）核心信息。为客户总结制订的安排，以得到客户的信任。感谢客户的惠顾并期望合作成功。

2）负责人：服务顾问。

3）辅助工具：收集数据的标准表格。

4）流程：服务顾问随后要重复所有为客户制订的安排（接车时间、替换车、价格）以及维修服务的范围，再次介绍服务顾问的名字，重复维修工作要单独标记，通知客户要带的物件（驾驶证、行驶证、维护手册、防盗螺栓）。

5）完成本流程必须遵守的行为规范。

① 创建一个包含最重要信息的表格（服务顾问的名字、接车时间、接车方式、替换车、初步的取车时间、价格、维修服务范围、必要的文档和停车位/维修接车的位置图），并通过电子邮件、信件或传真发给客户。这将可以收集到最重要的详细资料。

② 询问客户是清楚每件事。询问客户是否完全明白，以确保客户满意，可以说："服务人员是否将每件事都清楚说明了？"

③ 询问客户是否还有其他没有解决的问题，以表示服务人员的关心，可以说："是否还有其他我能为您做的？"

④ 向客户解释下面要进行什么，正确解释可充分体现专业性。

⑤ 致谢。致谢表明重视，可以说："谢谢，占用您的时间了。""我期待着您的光临。"向客户表达自己的愉快可以展现亲和力以及对客户的重视。

⑥ 道别。感谢客户的预约并友好地道别，可以说："某女士/先生，感谢您的预约和对我们的信任，再见。"结束通话时，必须在客户之后挂断电话，很快挂断电话是非常不礼貌的。

4. 监测工具——客户满意度调查（CSS）

服务人员服务质量的高低对汽车 4S 店的服务品质和口碑起着非常重要的作用，所以非常有必要对服务人员的服务质量进行监测。常见的监测方法有电话回访、问卷调查等。调查中设置的问题通常有下列几种。

问题 1：您对汽车 4S 店服务人员的满意程度如何？服务人员对您的电话应答是否及时？

问题 2：您的车辆停放在 4S 店期间，4S 店是否为您提供了方便您出行的交通服务？

问题 3：您对必要的服务工作开始之前给出的信息满意程度如何？

问题 4：服务人员是否与您一起在车旁就所需进行的维修维护工作进行了交谈？

问题 5：您对 4S 店"正确地完成了维修维护工作"满意程度如何？

问题 6：在开始维修或维护前，是否告知您预计的维修维护费用？

问题 7：关于以下方面，您对服务人员满意程度如何？

××汽车4S店客户满意度调查问卷

尊敬的客户：

您好！感谢您信任我们并选择××汽车4S店，为了能够给您提供更加优质的服务，使我们的服务更加完善，提高客户满意度，请您在百忙之中协助我们做好此份《客户满意度调查问卷》，谢谢！

1. 当您的爱车出现故障时，维修人员能正确诊断车辆的故障。
○ 非常满意　　○ 满意　　○ 基本满意　　○ 不太满意　　○ 不满意

2. 当您进店维修爱车时，维修人员能一次修好您的爱车。
○ 非常满意　　○ 满意　　○ 基本满意　　○ 不太满意　　○ 不满意

3. 维修服务人员能否热忱、亲切地接待您，并按照您的要求提供相应的服务。
○ 非常满意　　○ 满意　　○ 基本满意　　○ 不太满意　　○ 不满意

4. 服务人员乐于满足您的要求，并为您提供中肯的建议和信息。
○ 非常满意　　○ 满意　　○ 基本满意　　○ 不太满意　　○ 不满意

5. 服务顾问能及时给您进行电话回访。
○ 非常满意　　○ 满意　　○ 基本满意　　○ 不太满意　　○ 不满意

6. 您对本店服务流程的评价。
○ 非常满意　　○ 满意　　○ 基本满意　　○ 不太满意　　○ 不满意

7. 当您抱怨汽车质量或服务时，服务人员能立刻给出相应的解决措施。
○ 非常满意　　○ 满意　　○ 基本满意　　○ 不太满意　　○ 不满意

8. 当您进店维修爱车时，工时费和配件费用是否合理。
○ 非常满意　　○ 满意　　○ 基本满意　　○ 不太满意　　○ 不满意

9. 当您维修爱车时，服务人员能给您事先解释清楚维修的相关费用。
○ 非常满意　　○ 满意　　○ 基本满意　　○ 不太满意　　○ 不满意

10. 当您进店维修爱车时，需要的配件是否缺货。
○ 非常满意　　○ 满意　　○ 基本满意　　○ 不太满意　　○ 不满意

11. 维修人员为您的爱车更换的配件质量是否满足要求。
○ 非常满意　　○ 满意　　○ 基本满意　　○ 不太满意　　○ 不满意

12. 当您进店时，接待人员能快速对您进行来店登记。
○ 非常满意　　○ 满意　　○ 基本满意　　○ 不太满意　　○ 不满意

13. 当您维修爱车时，能在约定的维修时间内给您修好爱车。
○ 非常满意　　○ 满意　　○ 基本满意　　○ 不太满意　　○ 不满意

14. 当您的爱车出现故障时，维修人员能正确诊断车辆的故障。
○ 非常满意　　○ 满意　　○ 基本满意　　○ 不太满意　　○ 不满意

15. 接待人员能准备估算维修时间。
○ 非常满意　　○ 满意　　○ 基本满意　　○ 不太满意　　○ 不满意

16. 服务顾问是否能遵守您的预约服务。
○ 非常满意　　○ 满意　　○ 基本满意　　○ 不太满意　　○ 不满意

17. 是否满意本店对您提供的爱车免费检测服务。
○ 非常满意　　○ 满意　　○ 基本满意　　○ 不太满意　　○ 不满意

18. 本店的营业时间是否合理。

　○ 非常满意　　　○ 满意　　　○ 基本满意　　　○ 不太满意　　　○ 不满意

如方便，请您为我们提出一些具体意见或建议：

 任务实施

一、实训目的

1）熟练掌握预约服务的流程。

2）提高学生预约服务的能力。

二、实训要求

1）指导教师对全班学生进行分组，每6～8人为一组，自行扮演角色，演示后交换。

2）设定情景，内容包括预约服务礼仪及规范用语、接打电话内容及要求等。

3）表演模拟，各位学生自我介绍扮演的角色。

4）每组依次上台进行实训操作，每组的学生代表点评，教师进行总结归纳。

三、实训步骤

第一步（学习准备）：教师引导学生解析、学习目标，分析学习任务。引导学生进行任务实施前的学习，完成实训内容的任务准备。

第二步（制订计划）：教师引导学生根据已明确的学习任务，制订完成任务的计划。教师应引导学生培养团队协作、沟通聆听的意识。

学习计划应包含任务陈述、团队成员、学习资源（包含网络、教材资料）和具体安排。

第三步（任务实施）：以小组为单位展示学习成果。

展示内容应包含：学习计划，学习小组成员就电话预约内容以及预约服务整体流程的学习。完成任务描述，让学生进行角色模拟演练，在演练中熟悉、准确掌握预约服务的流程和内容，从而体现出接待服务的职业化、专业化、规范化。

四、实训内容

根据任务描述的情境，请你为李女士进行预约服务，同时讨论并完成如下任务准备。

1. 完成本工作任务，需要进行哪些方面的准备工作？

1）_____

2）_____

3）_____

4）_____

2. 电话预约过程中，对服务顾问有哪些要求？

1）_____

2）_____

3）_____

4) _____

3. 预约的流程包括哪些内容？

1) _____

2) _____

3) _____

4) _____

4. 打预约电话的最佳时间是（　　　）。

A. 8：00～10：00，14：30～16：00　　　B. 8：30～10：00，12：30～17：30

C. 8：30～10：00，14：30～17：00　　　D. 其他时间

5. 预约结束后，应该怎样送别客户？

1) _____

2) _____

3) _____

4) _____

评价反馈

根据预约服务流程及实施规范完成整个任务，教师注意引导学生填写评价表（表2-4）。

表2-4　学习任务完成质量评价表

考核内容	考核要求	配分	得　分	
			自评	互评
学习计划	学习计划的全面性、可操作性	10		
展示完整性	在规定时间内完成整个预约流程	20		
展示标准度	按照预约流程标准与实施规范进行	30		
接听电话要求	在接听客户电话时，做到电话预约服务礼仪规范	20		
客户对服务的满意度	让客户对自己的服务感到满意	20		
合计	—	100		
操作时间	开始时间：　　　结束时间：　　　实际用时：			

在完成本项目学习任务后，通过小组会的形式进行总结和思考，由教师指导学生填写学习过程评价反馈表（表2-5）。

表2-5　学习过程评价反馈表

序　号	评价内容	分值	自评分	他人评分	实际得分
1	独立完成的任务	15			
2	小组合作完成的任务	20			
3	教师指导下完成的任务	15			
4	是否达到了学习目标，能独立完成预约的完整流程	40			
5	存在的问题及建议	10			

注：实际得分 =（自评分 + 他人评分）/2。

一、预约维护的优势

1. 省时

由于预约车辆提前预留工位，预先准备好所需配件，并且登记、进店等各个环节都有优先权，因此即便维护车辆不多，预约车辆至少也可节省半小时左右的时间，若赶上周末或长假前后时段，通常可节省数小时。因此，省时是预约维护最大的优势。

2. 省钱

目前，绝大多数4S店都会为预约维护的客户提供不同程度的优惠活动，如工时费打折、参加抽奖、赠送礼券等，虽然优惠力度不同，但只要预约，一定会享受某些优惠。

3. 双赢效果

预约维护对经营者与消费者是一件双赢的事情。消费者可以从中节省时间，得到优惠；经营者则可以更有效地利用自己的资源，合理分配劳动力，尽可能地分散工作量，使得4S店的工作效率更高，同时避免车辆在热门时段集中进店维护，而一些时段无车的情况出现。

二、预约维护注意事项

1. 提前确定进店时间

要想使用好预约维护服务，首先需要在每次维护前提前确定进店时间，通常4S店要求维护前一天打电话预约即可，因此下班前都可预约第二天的维护，即便出现变动，预约也是可以随时取消的。

2. 临时有变动及时通知

通常4S店会要求客户给出准确的进店时间，时间范围一般在半小时左右，因此，如果临时无法按时到达，应当尽快和4S店联系，取消或更改进店时间，避免不必要的等待。

3. 选择人少时段预约

虽然是预约，但不同时段预约的难易程度也不同。通常情况下，周末、假期前后一周都是维护高峰期，这些时间可能需要提前两天甚至更长的时间才能预约到自己想要的时段。因此，建议有条件的客户错过这些时间，首选工作日到店维护。如果条件不允许，通常上午到店维护人数较多，下午三四点客流开始下降。当然这与品牌有关，一些小众品牌的车型由于销量不大，可能不存在维护排队的现象。

三、主动预约话术

范例：

　　您好，请问您是李先生吗？……

　　我是××特约维修站服务顾问××。我这边资料显示您的爱车快到首保日期了，不知道您的爱车近期有没有做首保？……

　　请问您什么时间方便来站做首保？提前预约可以节省您的时间，而且以后预约维护或维修时都有相应的优惠。……

　　李先生，请问下周一或周二可以吗？……

　　好的，已经帮您预约下周二，请问您是上午还是下午方便？……

　　下周二下午4点您看行吗？……

李先生，请您来站时带好行驶证、驾驶证和维护手册。我们会在下周二下午3点30分给您致电提醒，具体地址是×××，业务电话是×××，我是服务顾问××，稍后我会把地址、电话以短信的形式发送给您。……

李先生，那我们下周二下午见，欢迎您的光临！

确认客户挂断电话后方可挂电话。

四、被动预约话术

范例：

您好，××维修站，服务顾问××为您服务。

先生/女士，请问您贵姓？……

李先生您好，有什么可以帮助您的吗？……

李先生，您是要预约维护/维修××吗？……

好的，我帮您做一下预约登记。您的车型是？……

您的车牌号码是？……

您车辆的行驶里程是？……

您预约的时间是？……

我们的预约工位会为您保留30分钟，请问您方便把电话留给我吗？……

这个月××日至××日我站推出送温暖活动，活动内容是维护工时8折，满500元送××，满1000元送××。……

李先生，请您来站时带好行驶证、驾驶证和维护手册。请问您还有其他需要吗？……

我们会在您来站前半小时与您电话联系，我们的地址是×××，我是服务顾问××，稍后我会把地址、电话以短信的形式发送给您。……

再见，感谢您的来电。

确认客户挂断电话后方可挂电话。

任务三　车　辆　接　待

车辆接待是企业售后服务部与客户接触的"关键瞬间"，也是质量将服务顾问的核心工作。标准的接待过程可以显示出企业售后服务的专业和热忱，该项作业的完成质量将最直接地反映企业的服务水平。快速、热情、友好、专业的接待能够体现对客户的尊重和关心，给客户留下深刻的印象，赢得客户的信任，建立良好的互动关系，提升客户的满意度。

整个接待过程中，服务顾问与客户之间是互动的关系，服务顾问一方面需要充分了解和确认客户此次来访的需求；另一方面要查找客户尚未留意的故障或隐患，给出专业的维修建议。

本任务要求学生能运用所学的知识对维修维护的车辆进行接待，规范地开展车辆的环车检查，并能根据客户的需要对车辆进行维修维护。

学习目标

目标名称	目标内容
知识目标	1. 能够规范地执行车辆的接待流程
	2. 能够体现车辆接待的专业性
技能目标	能准确对维修维护车辆进行环车检查
情感目标	1. 掌握与客户沟通的技巧
	2. 提高学生的实际操作能力和处事应变能力

建议学时：12课时。

任务描述

客户王先生把车开到4S店进行维护，服务顾问李新接待了王先生。在车辆交接之前，李新按照接待流程与王先生一起进行车辆接待的重要工作——环车检查。

知识准备

运用所学的汽车服务顾问礼仪的相关知识，热情地接待每一位来店客户，真诚地用专业知识解决客户对车辆的疑问，展现个人魅力，为品牌树立形象，赢得良好口碑，为企业创造效益。

一、业务接待的作用

汽车制造企业、汽车销售服务企业和汽车维修企业越来越重视汽车服务的接待工作，客户对业务接待人员的第一印象往往代表着对企业的总体认识。在实际的服务工作中，客户也是通过对服务顾问的评价去感知企业服务水平和服务质量的。

服务顾问是企业的"窗口"，是企业与客户联系的纽带，是让客户体验企业服务品质的重要接

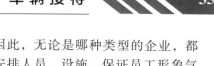

触点，关系着制造企业的品牌价值以及服务企业的生存发展。因此，无论是哪种类型的企业，都应该从客户的角度来认识服务顾问这一重要岗位，不是简单地安排人员、设施，保证员工形象气质较好、口齿伶俐，就能够做好服务接待工作。而是要做到精心选择人才，严格进行服务接待、服务礼仪和汽车维修技能的培训，全面提升专业水平，并指导其增强与其他岗位人员（如维修人员等）共同完成企业经营目标的团队意识和工作执行力。

负责业务接待的服务顾问的主要作用体现在以下几点：

1）能体现汽车服务企业的总体形象和规范的经营管理水平。

2）客户与汽车服务企业之间进行业务联系的纽带。

3）通过服务顾问与售后服务各个环节进行协调，使企业内部各部门之间明确职责，步调一致，提高服务效率和质量，提升客户满意度。

4）有效协调客户与维修企业、汽车制造企业三者之间的利益，使之达成一致，增加三方的信任度，提升相互间的配合程度，进而提高整个服务体系的工作效率。

5）及时更新客户及其车辆全部信息，为维修回访等后续工作提供基本信息支持。

二、业务接待中对服务顾问的要求

服务顾问在汽车维修服务工作中担当着双重角色，既要代表客户的权益，又要维护4S店的权益。因此，服务顾问不仅要掌握专业的汽车维修知识，还要有人际沟通能力和为客户提供服务的能力。维修服务工作同样包含着两个层面的工作，既是直接面对客户的前方服务工作，也是支援前方工作的后方服务工作。两者相得益彰，缺一不可，只有单方面做得很出色是不能达到令客户满意的效果的。怎样才能在维修服务工作中做好接待工作是目前汽车4S店日常工作中要重点考虑的问题。在接待客户维修车辆前要做好必要的准备工作，如接待工作中需要使用的工具（图3-1～图3-3），客户档案、实车检查单、估价单、施工单、零件出库单、交车说明单和结算单等，接着应做好以下每一步的接待工作。

1）接待场所始终保持干净整洁，符合汽车制造企业相应的环境设施要求。

2）服务顾问须始终保持衣着整洁大方，仪表和仪容规范，表现出热情、积极和乐观的态度，做事干脆利落，工作讲究效果和方法，交往注重诚信。

3）服务顾问须在工作中随时职业性地使用礼貌用语。

4）服务顾问须具有良好的亲和力，增加客户的信任感。

5）对客户提出的问题要积极聆听，并尽量解答其困惑，积极解决其问题。

6）随时注意维护和协调客户与企业之间的利益，服务过程中做到不亢不卑，维护原则，既不能让客户反感，也不能一味地牺牲企业的利益。

图3-1　管理看板

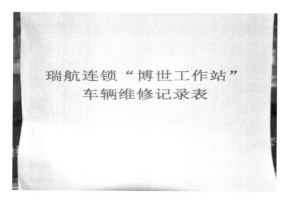

图 3-2　车辆维修记录表封面

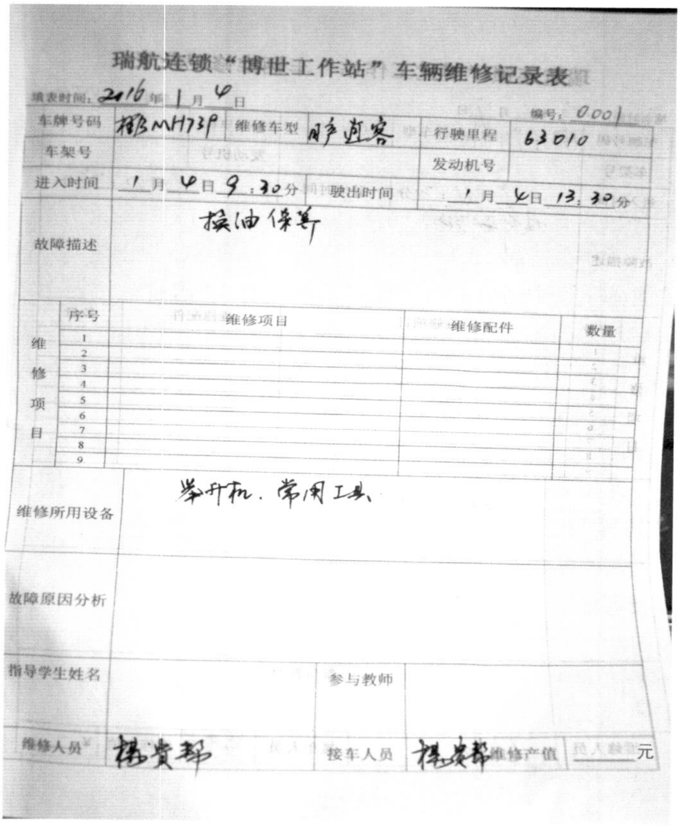

图 3-3　车辆维修记录表内容

三、车辆接待服务流程与实施规范

车辆接待服务流程如图 3-4 所示。

四、维护类业务车辆的接待

1. 维护类业务车辆的接待流程

维护类业务车辆的接待流程如图 3-5 所示。

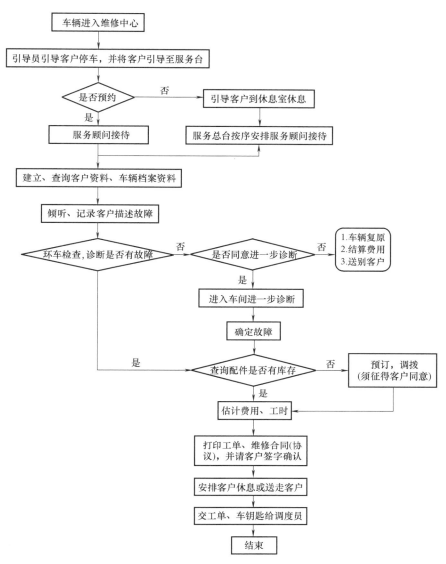

图 3-4 车辆接待服务流程

2. 维护类业务车辆的接待话术

1）出门迎接。

"××先生/女士,您好!"

2）询问客户此次来店的目的,是正常维护还是检查维修。

"××先生/女士,请问您这次是来维护还是……"得到答复后:"××先生/女士,您的行驶证和维护手册给我登记一下好吗?""谢谢。""我可以打开您的爱车套上座椅套吗?"(当着客户的面套上三件套)

3）告知客户需将车辆移动到预检车位,请客户坐入副驾驶座,随后进入车内起动车辆,移至预检车位。

"××先生/女士,您目前的行驶里程是××。"(精

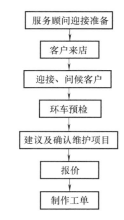

图 3-5 维护类业务车辆的接待流程

确到个位数且必须读出来）

"××先生/女士，您目前的油量是××。"（必须读出来）

如油量已到下线："您车的油量已到下线，请您及时加油以免给您造成不便，离本店最近的加油站在……"

4）做车内检查，各功能键是否正常，是否有缺件，是否有贵重物品遗留。

"请保管好您车内的贵重物品，比如手机、现金、包、票据等，如有请随身携带。""您有需要我们单独替您保管的贵重物品吗？"

5）开启前照灯、雾灯、闪光灯、收音机、空调、点烟器等，检查是否正常；检查喇叭和音响；转动方向盘，松拉驻车制动器，升降四门玻璃并查看内饰件（图3-6～图3-8）。

图3-6　检查灯光

图3-7　检查音响

6）做环车检查并记录（图3-9）。

图3-8　检查空调出风口

图3-9　做环车检查并记录

"我们一起来检查一下您车的外观，好吗？"记录车牌、车架号、型号。按顺序依次检查左前翼子板、左车身、左车顶、左后翼子板、后保险杠、行李舱盖，询问："我可以打开您的行李舱确认一下物品吗？"（检查备胎、工具是否齐全，明确告知客户），然后检查后风窗玻璃、右后翼子板、右车身、右车顶、右前翼子板、前保险杠，打开发动机舱盖，查看发动机舱内部，关闭时检查发动机舱盖表面，并查看前风窗玻璃。

如车身有外伤、缺件等情况，及时与客户确认，请客户签字，并且追加服务："您爱车的××漆面有划伤，您看这次一起修理吗？""我们有抛光打蜡、漆面封釉的服务，您这次一起处理了吧。"

7）举升车辆，检查前中后底盘。

"您爱车的××部件已经损坏，这次需要更换吗？如果不及时更换会……"

8）询问联系方式并记录在接车问诊表上。

"请问您的联系电话是多少？"

9）根据客户反映的具体情况及要求，制作维修档案，为客户制订合理的维护方案，估算所需的费用。

"××先生/女士，根据您车辆目前的使用时间及行驶里程，综合考虑车况，我建议您这次需要维护的项目有……"

"××先生/女士，您的车辆此次维护（维修检查）共需要××元，其中工时费××元，材料费××元，大致需要××分钟（小时），请问更换下来的旧件需要保存吗？我们4S店为您提供了免费洗车项目，您的车需要清洗吗？请您确认后在委托书上签字。""这张委托书是给您的，请妥善保管，这将作为您取车时的凭证。"

"××先生/女士，这边是客户休息区，您的车维护完后我会通知您的，休息区有免费的茶水、饮料，还有电脑、电视、书刊杂志、棋牌，会有专人服务，请您先休息一会。"

10）开派工单，将接车问诊表、预检单（图3-10）、维修工单（图3-11）交给车间主管。

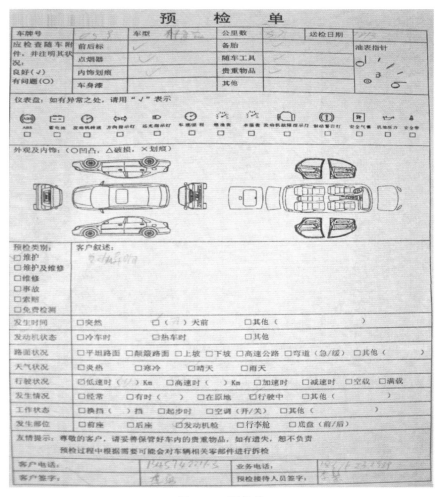

图3-10 预检单

汽车维修工单

打印日期：

维修单位：　　　　　　　报价日期：　　　　　　服务顾问：

工单号		车主		车主电话	
希望联络时段		送修人		送修人电话	
地址				邮编	
E-MAIL		维修类别	□维护　□维修　□活动		
进厂时间		路试		维修开始时间	年　月　日　时
备注					

车牌号	车型	购车时间	进厂里程	车身号码(VIN)	发动机号

是否外出救援	○是　○否	救援里程(往返)	（公里）	救援到达时间	年　月　日　时

故障描述	

计划维修项目	维修项目	备件	是否索赔	工时费	材料费	小计	是否主因件
			是　否				
			是　否				
			是　否				
			是　否				
			是　否				
	预估费用：		费用小计				

客户确认以上维修项目及费用：

新增维修项目	维修项目	备件	是否索赔	工时费	材料费	小计	是否主因件
			是　否				
			是　否				
			是　否				
	预估新增维修时间：		费用小计				
	预估新增费用：						

客户确认以上新增维修项目、费用及时间：

费用估算（元）

工时费：　　维修材料费：　　其他费用：　　救援费：　　合计金额：

客户签名：　　维修人签名：　　互检人签名：　　质检签名：

　时间：　　　　时间：　　　　时间：　　　　时间：

通知客户接车方式：□现场□电话□短信　通知客户接车时间：年　月　日　时　实际交车时间：年　月　日　时

第一联：服务顾问留存　第二联：收银留存　第三联：客户留存

图 3-11　维修工单

11）进度控制。按照事先给客户承诺的完工时间，最少查看 2 次维修进度，做到心中有数并随时通报给客户。

12）质检员检验，接待人员检验，若合格则准予出厂，通知客户。

"××先生/女士，您好！您的车已维护完毕，您可以提车了，请您来验车。"

13）办理结算手续。

"××先生/女士，您好！您这次一共消费了××元，其中工时费××元，材料费××元，请您签字。麻烦您到收银台办理结算。"

14）维护提醒，将下次维护里程、时间录入计算机中。

"××先生/女士，您好！您本次维护的里程是 ××，下次维护的里程是××，下次维护的时间是××。"

15）送别客户（图3-12）。

"请您慢走，再见！"

图3-12 送别客户

五、接待客户的准备工作及实施规范

1. 迎接准备

服务顾问在接待前要调整自己的呼吸及心情，以热情的态度接待客户，并在接待前准备好所需的工具，如名片、三件套、预检工具等。

如果服务顾问准备迎接的是已经多次来店的预约客户，在接待前应提前在计算机系统中查看客户的历史维修记录及上次维修的工单，并查询以前曾给客户提出的维修意见。做好这些工作有助于提升服务顾问的专业水平，以赢得客户的信任。

2. 迎接客户

根据各汽车4S店接待标准的不同，服务顾问应在维修接待区或预检区欢迎客户，如图3-13所

图3-13 服务顾问迎接客户

示。有些汽车4S店还配有引导员（门卫或服务顾问助理），如图3-14所示，他们负责在客户车辆到店后指引车辆在预检区停车，如图3-15所示。

图3-14　服务顾问引导员

图3-15　引导客户停车

　　服务顾问应主动、礼貌、热情、规范地迎接客户，迎接客户时应保持站立姿势，身体略向前倾，眼睛应注视着客户的眼睛，时刻面带微笑，并向客户传递以下的言语"您好！我是服务顾问××，请问先生/女士您怎么称呼？请问有什么可以帮助到您？"同时主动向客户递交名片（新客户递交名片，老客户带姓称呼，使客户感受到亲切），如图3-16所示。

图3-16　服务顾问递交名片

　　待客户下车时，服务顾问提示客户随身带走贵重物品，如"××先生/女士，请将您车内的物品检查一下，如有贵重物品（现金、手机、包等），请随身带走。"提示客户提供相关资料，如"请您提供行驶证和维护手册"。当客户到店进行一般维护或自费维修时，客户需要提供行驶证、车主手册及钥匙；当客户到店进行事故维修时，客户需要提供驾驶证、行驶证、车主手册、保单和事故证明。服务顾问应及时、主动地询问客户需求或确认客户预约时反映的问题，并记录在车辆检查表中。在询问过程中，服务顾问应保持微笑服务（图3-17）。

　　服务顾问在迎接客户时，需询问客户是否为预约客户或第一次到店客户。如客户是预约客户，需详细确认客户信息与系统中是否一致，如不一致，应及时将客户信息进行更新；如客户是第一次到店，服务顾问需详细地询问并填写客户个人及车辆信息，并在系统中新建客户档案，如图3-18所示。

图 3-17　服务顾问的微笑服务

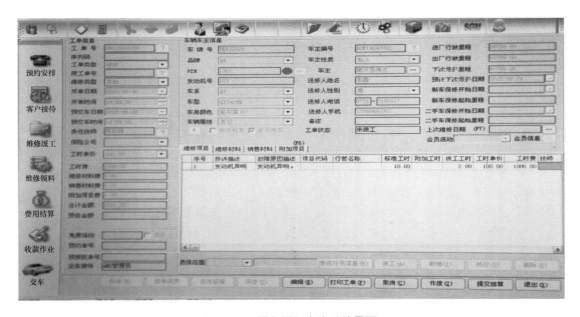

图 3-18　服务顾问查询系统界面

需特别注意的是，在这一环节中，服务顾问应做好客户相关证件及车辆钥匙的保管工作。

3. 环车检查

服务顾问迎接客户、初步了解客户需求之后，应主动邀请客户一起进行环车检查，如图 3-19 所示，这样不仅可以拉近客户与服务顾问的距离，也展现出了服务顾问的热忱和细心，而且可以根据环车检查的结果向客户讲解车辆维护知识，建议客户每个阶段的维修或维护项目，促进维修业务的开展，增加收益。

进行环车检查时，服务顾问需要询问客户平时行车中感觉有问题的地方，并在做每项检查时都要对客户进行讲解。各项工作要点如下：

（1）安装车辆保护套　为维护客户车辆及车内清洁，应当着客户的面铺好座椅防尘套、方向盘防尘套和脚垫等保护措施（简称三件套），如图 3-20 所示。

图 3-19　服务顾问与客户共同进行环车检查　　　　　　图 3-20　服务顾问铺设三件套

服务顾问可以使用以下话术："××先生/女士，为了爱护您的车辆，我们为您的爱车安装防护用品，分别是座椅防尘套、方向盘防尘套和脚垫。防护用品已经安装好了，麻烦您坐到副驾驶的位置，我们共同进行车内检查。"

（2）车内检查　车内检查项目包括仪表的各项指示（里程数、油量）、发动机舱开关、行李舱开关、空调系统、音响系统、门窗系统、灯光系统、安全带系统、喇叭，另外还需要注意车厢内饰、真皮座椅是否有划痕，储物空间中有无贵重物品等。如有贵重物品，应当场交还客户并提议寄存保管，如图 3-21 所示。服务顾问在进行车内检查时，需要一边与客户交流，一边检查，这样可以得到客户的准确回应，如"××先生/女士，我们正在检查您爱车的开关系统，顶灯开启、关闭正常。"如图 3-22 所示。

图 3-21　服务顾问交还客户遗忘物品

（3）行李舱检查　行李舱检查的项目主要有三角警示牌、备胎、随车工具等，并要确认是否有贵重物品，如图 3-23 所示。服务顾问可以采用以下话术："××先生/女士，请问方便打开您的行李舱吗?"在得到允许后检查行李舱,并时刻告知客户你在做什么。如检查中发现少了随车工具,可采用以下话术:"××先生/女士,请您随车带好随车工具,以备不时之需,我们会为您做好记录。"

图 3-22 服务顾问进行车内检查

图 3-23 行李舱检查

(4) 发动机舱检查 服务顾问打开发动机舱盖检查发动机舱,如图 3-24 所示,检查项目主要有发动机润滑油、冷却液、变速器油等。如检查发动机润滑油,可以采用以下话术:"××先生/女士,现在我们检查发动机舱内的发动机润滑油,润滑油已有些混浊,请您及时更换。"

图 3-24 发动机舱检查

(5) 底盘检查 服务顾问在检查汽车底盘时,需要使用举升机举起车辆,如图 3-25 所示,检查的项目主要有轮胎、悬架及防尘套、排气系统、转向系统、制动系统等。

对车辆各个部分进行预检时,可以同时完成车辆外观的检查,服务顾问在检查时,应随时告知客户检查结果,这样可以明确责任,避免不必要的争议,如"××先生/女士,现在我们检查您爱车的左前翼子板部位,左前翼子板有划伤,请您确认。"

图 3-25　车辆底盘检查

在整个环车检查过程中，如客户对车辆某一现象有疑问，服务顾问需要及时向客户解答并做好相应的记录，环车检查记录表如图 3-26 所示。

4. 确认维修项目

环车检查结束后，服务顾问请客户到接洽区，将车辆预检情况进行总结，并根据自己的专业知识向客户提出合理的维护和维修项目。服务顾问应向客户解释委托维修条例，此时还可以提前告知客户一些事项，如"维修技师会对车辆进行进一步的检查，若有增加项目我们会及时通知您。"在征得客户的同意后，服务顾问与客户分别在预检单上签字确认，如图 3-27 所示。

5. 报价

在客户确认维修项目后，服务顾问应将所需的费用逐项向客户解释清楚，并告知维修所需时间，展现出服务顾问专业、诚信、负责的态度，履行对客户的承诺，建立客户对企业的依赖感，为之后流程的顺利执行打下坚实基础。

汽车 4S 店一般在服务接洽区的显眼位置设有价目表，如图 3-28 所示，这样可以清晰、透明地向客户展示价格，有效地避免客户可能产生的疑惑。

如遇到不能当场报价的情况，服务顾问应当在派工前向客户描述可能发生的维修项目并预估产生的费用，客户同意后才可进行下一步的操作。

服务顾问可根据与客户的交流情况，有针对性地向客户推荐本店的增值产品，如"针对您的爱车，我们店近期推出了发动机积炭清理的服务，清理后可以让您的爱车恢复动力，您需要试一试吗？"如客户有进一步探究的意愿，服务顾问可带客户到精品区（图 3-29）了解产品的各项功能并及时解答客户疑问；如客户不愿意增加服务项目，不可勉强。

6. 制作工单，客户确认签字

制作工单后，服务顾问需要将工单内容逐项向客户解释，内容包括此次维护或维修的项目、所需的配件、零件费用、工时费、总费用、旧件的处理方式、交车时间、询问客户是否有遗漏等，客户确认后可打印工单，客户认可后在工单上签字确认，如图 3-30 所示。

工单是具有法律效力的维修合同，工单上的维修项目、价格等都是经过双方同意的，不能随意变更。所以，让客户在工单上签字确认是一项重要的工作，务必提醒客户对各项目及价格确认后再签字。

环车检查记录表

单据适用车型：　　　　　　　　　　　　　　　　　　　　　委托单号：

车牌号码			车型			车辆颜色		
底盘号			发动机号			行驶里程		
购车日期	年　月　日		维修日期	年　月　日		接车时间	时　分	
客户财产确认	□随车工具　　□千斤顶　□三角警示牌　　　　□备胎 □影碟(　)　　□车内其他物品：							
功能检查	□中央门锁　　□音响　　□点烟器 □全车升降器□雨刮器					备注： 良好(√) 有问题(×)并注明		
发动机维护建议	□建议立即维护　　　　□建议在行驶＿＿＿＿km后进行维护							

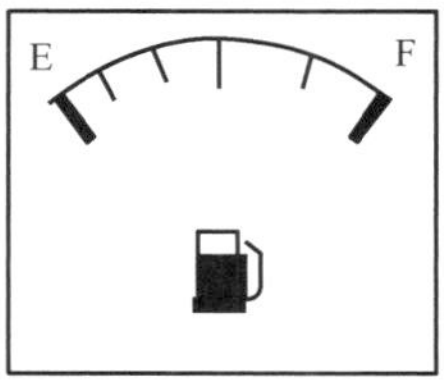

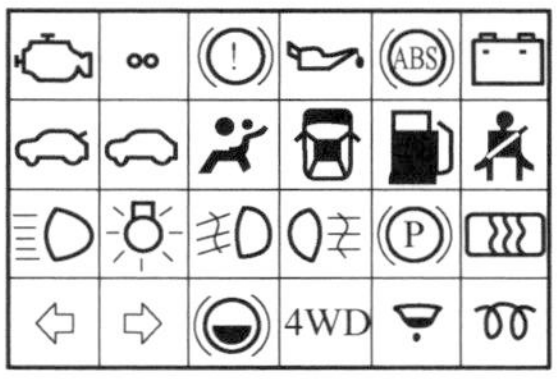

外观检查：外观漆面有无损伤及部位(标注)：

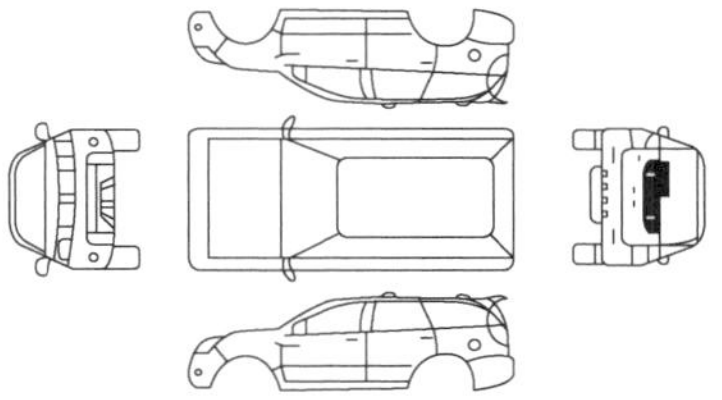

▼ 凹凸　　▲ 划痕　　◆ 石击　　● 油漆

内饰检查：内饰划痕或异常(标注)：

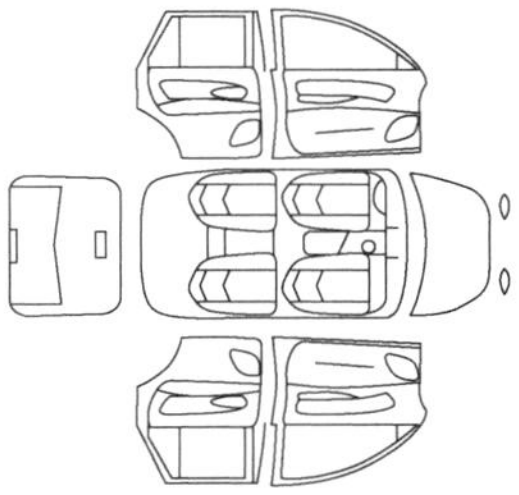

▽ 污渍　　△ 破损　　◇ 色斑　　○ 变形

客户描述：

保证期规定	1. 车辆维修后按3个月或10000公里执行保修期限 2. 上述保证期时间和公里数有一项达到即为超期 3. 上述保证期从取车之日算起
客户交车时签字	服务顾问签字
客户接车时签字	已核实无误接受客户财产，其他均无异议，签名：

图 3-26　环车检查记录表

7. 安排客户休息

工单确认完毕后，服务顾问根据客户的需要，安排客户到休息区休息或离店，如图 3-31 所示。如客户要到休息区，应及时告知客户休息区的相关活动类型（看电视、看报纸、上网等），指引客户到休息区，并且安排服务人员服务（提供 3 种以上饮料供客户挑选，如图 3-32 所示），请客户稍作歇息，再轻快地与客户告别；如客户要离店，服务顾问应送别客户或为客户安排替换车辆等。

图 3-27　确认维修项目

图 3-28　价目表

客户车辆在维护或维修过程中，服务顾问要对客户进行过程关怀，并告知客户车辆目前的维修进度、维修状况等，可以采用以下话术："××先生/女士，您在这里休息得好吗？您可通过这扇玻璃门看到维修的车辆，您的车辆维修进度正常，预计可在××点准时完成，请您稍等。"如图 3-33 所示。如客户车辆存在其他问题需要增加项目，服务顾问应及时提醒客户，必须在征得客户的同意后，才可进行修理。

图 3-29 汽车精品区

图 3-30 客户核对工单内容

图 3-31 引导客户到休息区

图 3-32   为客户提供三种以上的饮料

图 3-33   客户在休息区观看维修车辆

 任务实施

一、实训目的

1. 熟悉服务接待的程序及相关服务细节。
2. 提高服务顾问接待客户的规范性。
3. 提高实际操作能力和处事应变能力。

二、实训要求

1. 指导教师对全班学生进行分组，每 6 ~ 8 人为一组，自行扮演角色，演示后交换。
2. 设定情景，内容包括问候、站位、手势、微笑、请客户入座、目光关注、车辆信息核对、使用文明用语。
3. 表演模拟，各位学生自我介绍扮演的角色。
4. 每组依次上台进行实训操作，每组的学生代表点评，教师进行总结归纳。

三、实训步骤

第一步（学习准备）：教师引导学生解析学习目标，分析学习任务。引导学生进行任务实施前的学习，完成实训内容的任务准备。

第二步（制订计划）：教师引导学生根据已明确的学习任务，制订完成任务的计划。教师应引导学生培养团队协作、沟通聆听的意识。

学习计划应包含任务陈述、团队成员、学习资源（包含网络、教材资料）和具体安排。

第三步（任务实施）：以小组为单位展示学习成果。

展示内容应包含：学习计划，学习小组成员就客户的情况对车辆接待的内容进行描述，并按4S店实际工作场景按标准接车流程与实施规范进行现场接车。

四、实训内容

根据任务描述的情境，请你接待王先生的车辆，讨论并完成如下任务准备。

1. 完成本工作任务，需要进行哪些方面的接车准备工作？

1）_____

2）_____

3）_____

4）_____

_____

2. 接车过程中，对服务顾问有哪些礼仪要求？

1）_____

2）_____

3）_____

4）_____

_____

3. 接车的流程包括哪些内容？

1）_____

2）_____

3）_____

4）_____

_____

4. 引导客户到收银台结账，需要做哪方面的工作？

1）_____

2）_____

3）_____

_____

5. 维护结束后，应该怎么送别客户？

1）_____

2）_____

3）_____

_____

6. 阅读下面的案例，回答问题。

今天服务顾问小王已经接待了 8 位客户。在接待客户李先生的时候，他熟练地记录好李先生的委托服务项目和信息后，进行了维修估价。小王请李先生确认下单，并将李先生引领到客户休息区，然后回顾工作过程，发现遗漏了估算交车时间的重要环节，小王应该如何向李先生解释呢？

1）小王应如何解决问题？

_____

_____

2）服务顾问的服务宗旨是什么？

_____

_____

 评价反馈

根据接车服务流程及实施规范完成整个任务，教师注意引导学生填写评价表（表 3-1）。

表 3-1　学习任务完成质量评价表

考核内容	考核要求	配分	得　分	
			自评	互评
学习计划	学习计划的全面性、可操作性	10		
展示完整性	在规定时间内完成整个接车流程	10		
展示标准度	按照标准接车流程与实施规范进行	30		
商务礼仪	与客户交流过程中，使用标准商务礼仪	10		
异议处理	正确处理客户异议	20		
亲和力	与客户交流过程中具有亲和力	20		
合计	—	100		
操作时间	开始时间：　　　结束时间：　　　实际用时：			

在完成本项目学习任务后，通过小组会的形式进行总结和思考，由教师指导学生填写学习过程评价反馈表（表 3-2）。

表 3-2　学习过程评价反馈表

序号	评价内容	分值	自评分	他人评分	实际得分
1	微笑服务，礼貌服务，全程与客户互动交流	10			
2	环车检查记录表的使用	10			
3	环车检查的完整性	40			
4	客户确认维修与维护项目（包含维修与维护项目零件及工时的报价、精品推荐等）	20			
5	工单的打印与签字	10			
6	安排客户休息	10			

注：实际得分 =（自评分 + 他人评分）/2。

 知识拓展

服务顾问在业务接待过程中应努力做到几下几点：

1）确保预约准备工作符合要求。

2）准时等候已预约的客户并准备工位。

3）用礼貌的语言和规范的肢体动作欢迎客户的到来。

4）仔细倾听客户的需求及对车辆故障的描述。

5）使用车辆资料信息系统快速查询客户车辆的相关资料。

6）与客户一起记录车辆外观和车上设备、物品、油量等情况。

7）根据客户的需求及记录的结果制订维修项目。

8）仔细、认真、完整地填写维修委托书。

9）向客户解释并核对维修委托书的各项内容。

10）向客户说明维修所需的各项费用及约定的交车时间。

11）请客户对维修委托书进行确认签字，拿好副本。

12）引导客户离开或到休息区等候。

服务顾问在业务接待过程中应尽量避免以下行为：

1）对已预约的客户准备不充分。

2）预约客户到来时自己不在现场。

3）未仔细倾听客户对故障的描述。

4）未认真仔细检查客户车辆。

5）对车辆未做好相应的检查记录。

6）维修委托书填写不完整且字迹潦草。

7）未向客户报价或报价不准确。

8）未主动向客户解释维修的项目及相关费用。

9）客户未在委托书上签字确认。

10）未与客户约定交车时间。

任务四 汽车维修专业知识

　　服务顾问只有具备汽车构造、汽车维护、汽车常见故障诊断以及常见的汽车技术等方面的专业知识，才能够对客户提出的专业问题和异议进行及时的处理。

　　本任务要求学生能掌握服务顾问上岗前需具备的汽车构造、汽车维护、汽车常见故障诊断以及常见的汽车技术等方面的专业知识，以便更好地为客户服务。

目标名称	目标内容
知识目标	掌握汽车构造、汽车维护、汽车常见故障诊断以及常见的汽车技术方面的相关知识
技能目标	能准确回答客户提出的专业性问题
情感目标	1. 培养学生的服务意识
	2. 培养学生的合作能力

　　建议学时：20课时（理论12课时＋实训8课时）。

　　汽车4S店的宋经理安排张华接待预约客户李先生，对李先生的一汽大众速腾轿车进行30 000km维护作业，要求张华根据维护项目做好维修接待前的准备工作，张华应该怎么做呢？

　　随着汽车销售量的逐年增加，来到服务站维修维护的客户数量不断增大，随之而来的客户问题也越来越多。如何给客户满意的答复，已成为提高客户满意度的一个不可忽视的问题。客户问题具有一定的分散性、不专业性和情绪化等特点，如果汽车维修综合业务接待人员能够充分理解客户提问内容，掌握客户心理，从正确合理的角度给予回答，客户会理解和接受，也会由此对服务顾问的专业性产生信赖感。如果服务顾问没有掌握一定的专业知识和应答技巧，可能会造成客户抱怨，甚至导致投诉发生。为了规范对客户问题的应答话术，能够做出正确合理的解释说明，提高汽车维修综合业务接待人员的业务水平，提升客户满意度，特在本项目相关内容后提炼出具有代表性的营销应答话术，供汽车维修综合业务接待人员在回答客户问题时参考。

一、汽车构造

　　汽车是由成千上万个零部件组成的复杂机器，汽车虽然种类繁多，但其一般由发动机、底盘、车身及电气设备四部分组成。

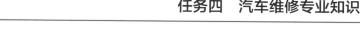

1. 发动机

发动机是汽车的动力装置，是汽车最重要的组成部分。发动机工作时，向外输出动力，通过底盘驱动汽车行驶。现代汽车绝大部分采用往复活塞式发动机，它通过可燃混合气在气缸内燃烧膨胀产生压力，推动活塞运动并带动连杆使曲轴旋转来对外输出功率。现代汽车发动机使用的燃料主要是汽油和柴油，发动机依此分为汽油机和柴油机。

发动机具有热效率高、体积小、质量小、便于移动以及起动性能好等优点，但是发动机一般要使用石油燃料，且排出的废气中所含的有害气体成分较高。为解决能源与大气污染的问题，目前国内外正致力于新能源汽车的研究开发和实践探索。

以汽油机为例，其要完成能量的转换，实现工作循环，保证连续正常工作，都必须由曲柄连杆机构、配气机构、燃料供给系统、润滑系统、冷却系统、点火系统和起动系统组成。

（1）曲柄连杆机构 曲柄连杆机构是发动机实现工作循环、完成能量转换的主要运动部分，其由机体组、活塞连杆组和曲轴飞轮组组成，如图 4-1 所示。在做功行程中，活塞承受燃气压力在气缸内做往复直线运动，通过连杆转换成曲轴的旋转运动，并由曲轴对外输出动力；而在进气、压缩和排气行程中，飞轮释放能量又把曲轴的旋转运动转化成活塞的往复直线运动。

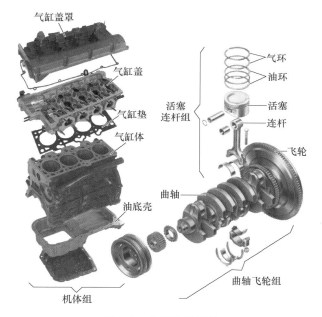

图 4-1 曲柄连杆机构

（2）配气机构 配气机构大多采用顶置气门式配气机构，一般由气门组和气门传动组组成，如图 4-2 所示。它的作用是根据发动机的工作顺序和工作过程，适时地开启和关闭进、排气门，使可燃混合气或空气及时地充入气缸，并使废气及时地从气缸内排出，实现换气过程。当发动机不需要进气或排气时，可以利用气门保持气缸的密封。

（3）燃料供给系统 燃料供给系统一般由燃油箱、燃油泵、燃油滤清器、输油管和喷油器等组成，如图 4-3 所示。该系统的作用是把汽油和空气混合为成分合适的可燃混合气供入气缸（汽油机，柴油机供入纯空气），以供燃烧，从而调节发动机的输出功率和转速，最后将燃烧后产生的废气从气缸内排出。

（4）润滑系统 润滑系统通常由机油泵、机油滤清器、机油粗滤器、油压开关和油底壳等组成，如图 4-4 所示。该系统的作用是将清洁的润滑油供给做相对运动的零件，以减小它们之间的

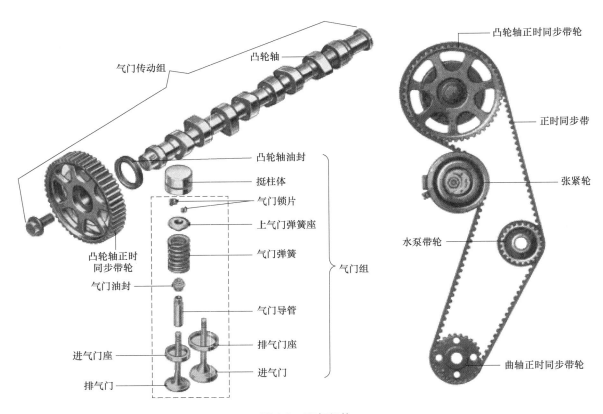

图 4-2　配气机构

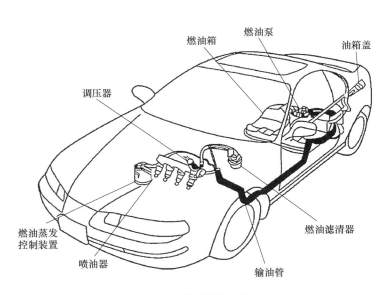

图 4-3　燃料供给系统

摩擦阻力，减轻机件磨损，并部分地对零件表面进行清洗和冷却，从而延长发动机使用寿命。

（5）冷却系统　冷却系统通常由散热器、水泵、电动风扇、风扇控制机构、冷却水套和膨胀水箱等组成，如图 4-5 所示。该系统的作用是将受热零件吸收的部分热量及时散发出去，

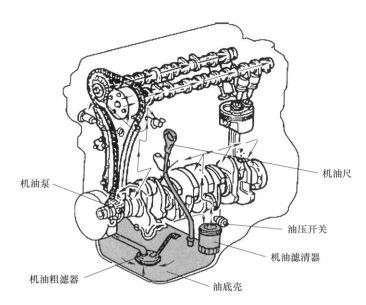

图 4-4　润滑系统

保证发动机在最适宜的温度状态下工作。冷却系统以冷却液作为冷却介质，把发动机受热零件吸收的热量散发到大气中。它是利用水泵使冷却液在水套和散热器之间循环来完成对发动机的冷却的。

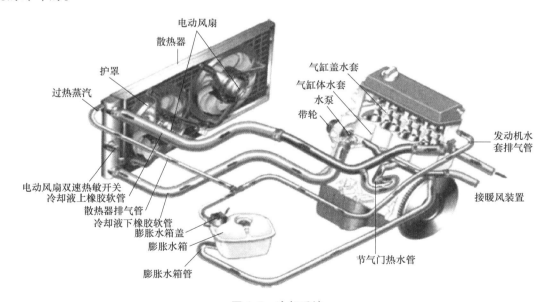

图 4-5　冷却系统

（6）点火系统　点火系通常由电源（蓄电池、发电机）、点火线圈（带点火控制器）、火花塞、点火开关和相关传感器等组成，如图 4-6 所示。该系统的作用是将汽车电源所提供的低压电转变成高压电，并按照发动机各缸做功顺序和点火时刻要求，适时准确地将高压电输送至各缸火花塞，使火花塞跳火，点燃气缸内的可燃混合气。柴油机由于气缸中燃料的着火方式为压燃式，所以无点火系统。

（7）起动系统　起动系统通常由起动机、起动继电器和点火开关等组成，如图 4-7 所示。该

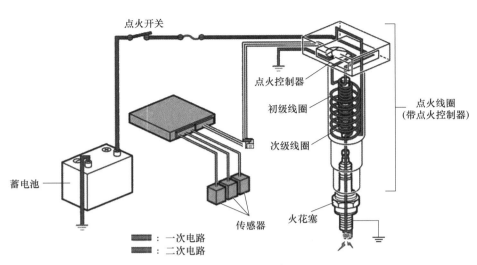

图 4-6　点火系统

系统的作用是带动飞轮旋转以获得必要的动能和起动转速，使静止的发动机起动并进入自行运转状态。

（8）发动机营销话术

1）车辆行驶一段时间后，油耗明显增加，而且加速无力，这是怎么回事？

影响车辆动力性的原因很多，比如油路积炭堵塞、火花塞污染等都会导致车辆的动力性下降、油耗增加。具体的故障原因需要让我们的维修技师做详细的检查后才能确定。

2）为什么我的车子在早晨起动时怠速会那么高，达到 1500 ~ 1700r/min？

这是一个冷车高怠速的过程，是正常现象，请放心使用。在冷车起动后，为使发动机迅速升温到正常工作温度，发动机ECU 会设置此时的怠速转速要高于正常的

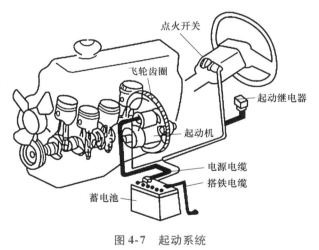

图 4-7　起动系统

怠速转速，完成暖车过程后，怠速转速即可回到 750 ~ 850r/min 的标准范围之内。

3）发动机故障灯点亮后，是否可以继续行驶？

发动机故障灯点亮，说明车辆已经有故障。如果车辆正在行驶过程中，不必惊慌，观察一下冷却液温度表指示是否正常，感觉一下发动机运行状况。如果冷却液温度正常、发动机工作无明显异常，将车辆开到最近的服务站检查维修，防止长时间带故障行驶对车辆造成不良影响，行车中注意不宜高速；如果冷却液温度高或者发动机有异响，请就近停车，拨打我们的 24 小时救援电话，我们将派出维修技师进行现场检修。

2. 底盘

底盘是构成汽车的基础，其作用是接收发动机的动力，使汽车运动并保证汽车能够按照驾驶人的操纵而正常行驶。汽车底盘由传动系统、行驶系统、转向系统和制动系统四大系统组成，如图 4-8 所示。

（1）传动系统 传动系统由离合器、变速器、万向传动装置（万向节、传动轴）、驱动桥（主减速器、差速器、半轴）等组成，如图4-9所示。该系统的作用是将发动机的转矩传递给驱动车轮，同时根据行驶条件的需要，改变转矩的大小。

（2）行驶系统 行驶系统由车架、悬架、车桥和车轮等组成，如图4-10所示。该系统的作用是将传动系统传来的转矩转化为汽车行驶的驱动力；支承汽车的总质量；承受并传递路面作用于车轮上的力和力矩；缓和不平路面对车身造成的冲击，衰减汽车行驶中的振动，保持行驶的平顺性和操纵稳定性。

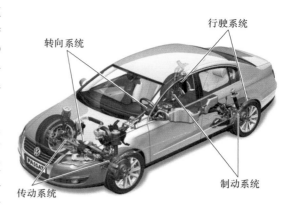

图4-8 底盘的组成

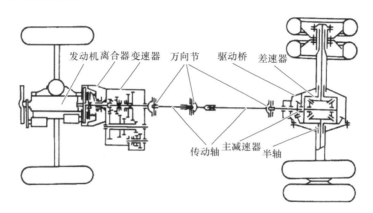

图4-9 传动系统

（3）转向系统 现在汽车转向系统分为机械式液压助力转向系统和电动助力转向系统两大类。机械式液压助力转向系统一般由齿轮齿条转向机构和液压系统（液压助力泵、液压缸、活塞等）两部分组成，如图4-11所示。电动助力转向系统一般由转矩传感器、控制单元和助力电动机等组成，如图4-12所示。该系统的作用是保证汽车能够按照驾驶人选定的方向行驶和保持汽车稳定的直线行驶。

（4）制动系统 制动系统包括行车制动和驻车制动两套相互独立的制动系统，每套制动系统

图4-10 行驶系统

都包括制动器和制动传动机构，如图4-13所示。该系统的作用是按照驾驶人的要求进行强制减速、停车并能保证可靠地驻停。

（5）底盘营销话术

1）一般轮胎的使用寿命是多长时间？

正常情况下，大多数车辆的轮胎可以使用50000～100000km。轮胎的使用寿命与驾驶习惯、车

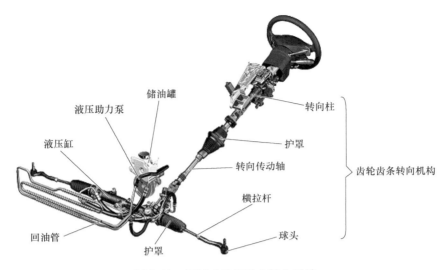

图 4-11 机械式液压助力转向系统

辆行驶的路况以及车辆维护情况有很大关系，路况好、驾驶平顺、定期对轮胎进行维护可以延长轮胎的使用寿命，反之会缩短轮胎的使用寿命。

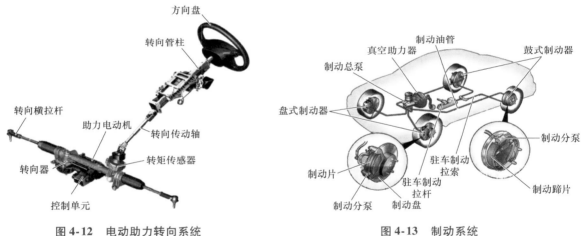

图 4-12 电动助力转向系统　　　　图 4-13 制动系统

2）为什么车辆配备非全尺寸备胎？

由于考虑到行李舱的空间、油耗和整车成本等，近年来，有的汽车厂商配备的是全尺寸备胎，而有些车配备的则是非全尺寸的小号备胎。非全尺寸备胎只能应急使用，一般行驶速度不能超过80km/h。在修补轮胎或更换新胎后，应当及时把非全尺寸备胎换下，放回行李舱中。值得注意的是，前轮驱动汽车的前轮不能使用非全尺寸备胎。

3）需要定期做四轮定位吗？为什么要在4S店做四轮定位？

车辆在行驶过程中会经过各种不同的路况，随着使用时间的增长，定位数据将失准，从而造成轮胎磨损过快、车辆跑偏和方向沉重等现象，四轮定位可以提高驾驶的舒适性。4S店采用厂家认可的四轮定位仪，里面包含原厂定位数据，具有测量精度高等特点；此外，4S店的维修技师是经过严格培训后持证上岗的，对车型的结构原理更加熟悉，能够更好地彻底消除车辆安全隐患，保证行车安全。

3. 车身

（1）车身相关知识　汽车的车身用来安置乘员与货物，也是驾驶人工作的场所。车身的样式决定于汽车的用途，如货车的车身主要由驾驶室和货箱组成（非承载式车身），而客车和轿车的车身一般为整体式，其车身兼有车架的作用（承载式车身）。非承载式车身（图4-14）的优点是车身强度高，车身刚性强，有利于提高安全性，该结构目前主要用于货车、专业越野车等。承载式车身（图4-15）的优点是重量轻，重心低，车内空间利用率高，该结构在家用轿车领域已经取代了非承载式车身结构。

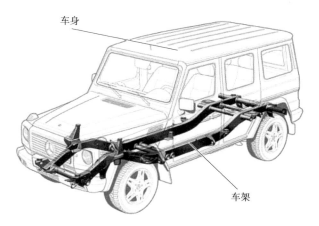

图4-14　非承载式车身

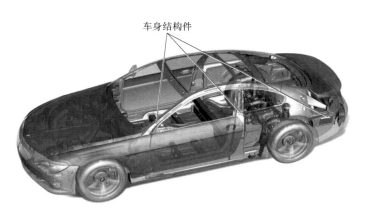

图4-15　承载式车身

（2）车身营销话术

1）为什么车辆在行驶中车门会有"嗒嗒嗒"的声音？

车辆发出该声音很可能是由于行驶中的颠簸造成车门锁扣等部位的间隙过大或螺栓松动而产生金属摩擦。具体情况可让我们的技师进行试车，找到故障位置后进行调整。

2）不小心划伤车辆如何进行补救？

如果划伤部位没有露出底漆，可以进行抛光处理；如果划伤部位较深，则可能需要喷漆。如果车辆有保险，可以报保险公司进行处理，这样可以降低维修费用。请您方便的时候来服务站，我们将为您的爱车进行全面检查。

4. 电气设备

汽车电气设备是指汽车上的用电设备和供电设备。电气设备由电源系统、起动系统、点火系统、照明和信号系统、仪表系统和辅助电气设备组成。由于起动和点火系统在之前已做介绍，这里不再叙述。

（1）电源系统　电源系统由蓄电池、发电机、充电状态指示装置和点火开关等组成，如图4-16所示。该系统的作用是为汽车提供足够的电功率和稳定的工作电压。

（2）照明和信号系统　照明和信号系统由前照灯（近光灯、远光灯）、示宽灯、雾灯、牌照灯、阅读灯、转向灯、倒车灯、制动灯和喇叭等组成，如图4-17所示。该系统的作用是提供车辆安全行驶必要的照明，对其他车辆、行人或动物进行提醒和警示，以保证自身及他人安全。

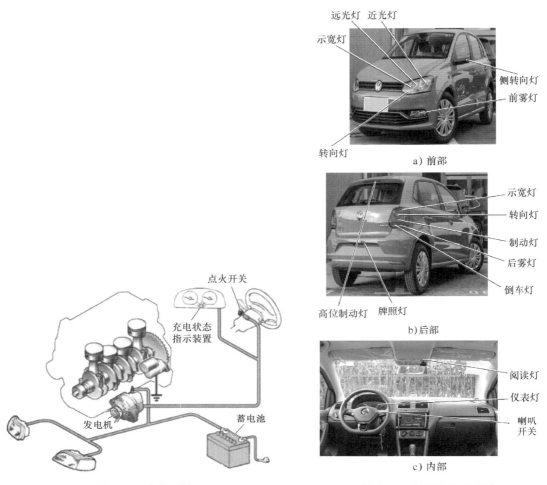

图 4-16　电源系统　　　　　　　　图 4-17　照明和信号系统

（3）仪表系统　仪表系统包括转速表、里程表、显示屏、操作按钮等，如图 4-18 所示。为了便于驾驶人随时了解汽车各个主要系统的工作情况，正确使用汽车，及时发现问题、采取措施，防止发生人身和机械事故，保证汽车可靠而安全的行驶，汽车上安装了一些仪表，用来反映汽车

图 4-18　仪表系统

和发动机的一些重要运行状态参数。

（4）辅助电气设备　辅助电气设备包括风窗刮水与玻璃清洗装置、电动后视镜、电动车窗、电动天窗和空调系统等，如图 4-19 所示。辅助电气设备的作用是提高驾驶人驾驶车辆的安全性和舒适性。

a) 风窗刮水与玻璃清洗装置

电动后视镜
电动车窗
电动后视镜开关
电动车窗开关

b) 电动后视镜、电动车窗

c) 电动天窗

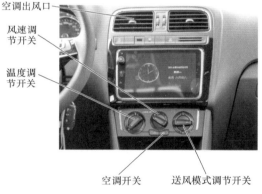

空调出风口
风速调节开关
温度调节开关
空调开关　送风模式调节开关

d) 空调系统

图 4-19　辅助电气设备

（5）电气设备营销话术

1）为什么要更换原厂刮水器？

原厂刮水器采用复合材料，能有效抵抗酸碱盐等有害物质的腐蚀，不易出现硬化、龟裂、局部剥落等现象，且软硬适中，既能有效地刮去风窗玻璃上的雨水，又不会划伤风窗玻璃。刮水器的橡胶如果太软，刮水时会出现水印，影响行车安全；如果太硬，与风窗玻璃摩擦阻力过大，会产生异响，还会增加刮水器电动机的负荷，甚至可能会划伤风窗玻璃。

2）为什么要到服务站维护天窗？

车辆天窗长时间使用后，在其轨道、缝隙会有灰尘、沙粒沉积，如不定期清理和维护，将会磨损天窗的各零部件，在开启或关闭过程产生异响等故障。厂家授权服务站的维修技师接受过厂家专业的培训，对天窗构造及维护部位更加了解，维护操作规程更专业、更规范；此外，厂家授权服务站使用的是厂家提供的天窗专用润滑脂，能有效延长天窗使用寿命。

3）为什么前照灯有雾气？前照灯有时会有少量雾气，打开车灯一段时间雾气又消失？

为了使车灯散热，前照灯不是完全密封的，在灯体下面有通气孔。如果空气的湿度比较大，通风不好时，空气进入灯罩后遇冷，就会出现少量雾气，打开车灯过一会儿雾气就会散去，这是正常的。如果雾气一直存在，建议客户及时到店，让维修技师进行检查处理。

二、汽车维护

1. 汽车维护的目的

汽车在使用过程中，由于发生摩擦、振动、冲击以及受自然条件的影响，汽车各总成、机构及零件必然逐渐产生不同程度的自然松动、磨损和机械损伤。因此，随着汽车行驶里程的增加，其技术状况会逐渐变坏，使用性能也随之变差，若不采取必要的措施，必然使汽车的动力性、经济性以及可靠性下降，严重时可能发生事故，出现预想不到的后果。

汽车维护是为维持汽车完好技术状况或工作能力而进行的作业。目的在于保持车辆外观整洁，延长汽车零部件的使用寿命，减少不必要的损坏，并及时发现和消除故障隐患，使车辆经常保持良好技术状况，保证行车安全，延长大修间隔里程，确保车辆具有良好的经济性，减少噪声、废气的排放污染。

2. 汽车维护的制度及原则

汽车维护制度指对汽车进行维护工作而规定的技术性组织措施，是贯彻安全第一、预防为主，保障汽车安全运行的基本制度。

汽车维护制度贯彻"定期检查、强制维护、预防为主、安全第一"的原则。车辆维护必须遵照规定的行驶里程或间隔时间，按期强制执行，即必须严格按规定周期进行维护作业，不应随意延长或提前进行作业。各级维护的作业项目和作业周期应根据车辆结构性能、使用条件、故障规律、配件质量以及经济效果等情况综合考虑。随着运行条件的变化和新工艺、新技术的应用，维护项目和维护周期经道路运输管理机构同意后，可及时进行调整。

3. 汽车维护的分类及作业范围

依据作业的周期和性质不同，汽车维护分为定期维护和非定期维护。定期维护分为日常维护、一级维护和二级维护，非定期维护分为季节性维护和走合维护。汽车维护分类的具体作业范围见表4-1。

表4-1 汽车维护分类的具体作业范围

维护分类	作业范围
日常维护	日常维护作业以清洁、补给和安全检视为中心内容，主要包括 1. 坚持"三检"，即出车前、行车中、收车后检视车辆的安全机构及各部机件连接的紧固情况 2. 保持"四清"，即保持机油、空气、燃油滤清器和蓄电池的清洁 3. 防止"四漏"，即防止漏水、漏油、漏气、漏电
一级维护	一级维护由维修企业负责执行，其作业中心内容除日常维护作业外，以清洁、润滑、紧固为主，并检查有关制动、操纵等安全部件
二级维护	二级维护由维修企业负责执行，其作业中心内容除一级维护作业外，以检查、调整制动系统、转向系统、悬架等安全部件，并拆检轮胎，进行轮胎换位，检查调整发动机工作状况和汽车排放相关系统等为主
季节性维护	冬季和夏季两季温差较大，换季前应结合定期维护附加一些相应的项目，使汽车适应气候变化的运行条件，这种附加的维护称季节性维护
走合维护	新车投产后，或大修车辆出厂后，要做好维护合期维护工作。走合期满，应进行一次走合维护，其作业项目和深度可参照制造厂的要求进行

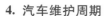

4. 汽车维护周期

维护周期是指同级维护之间间隔的里程或时间，一般维修企业执行的是先到为准的原则。

按照《汽车维护、检测、诊断技术规范》（GB/T 18344—2016）规定，日常维护周期为出车前、行车中和收车后。

一级、二级维护周期依据车辆维修资料等有关技术文件的规定，结合汽车使用条件、使用强度等因素，由各省、市交通主管部门确定。一级维护周期一般为 2000～3000km（或六个月）或根据具体车型而定，二级维护周期一般为 15 000～20 000km。一汽大众速腾轿车定期维护单见表 4-2。

表 4-2　一汽大众速腾轿车定期维护单

维护间隔	维 护 项 目
5000km 首次维护	1. 查询自诊断系统故障存储器
	2. 目测检查发动机及发动机舱内的其他部件是否有泄漏或损坏
	3. 检查蓄电池固定情况，电眼颜色（无电眼的免维护蓄电池检查蓄电池电压）
	4. 检查制动液液位，必要时添加
	5. 检查风窗清洗液液面高度，必要时添加清洗液
	6. 检查冷却液液面高度及浓度（防冻能力），如必要，添加冷却液或调整浓度
	7. 更换发动机机油及机油滤清器
	8. 检查前、后制动摩擦衬块厚度
	9. 检查所有轮胎（包括备胎）的花纹深度、磨损情况并清除轮胎上的异物
	10. 目测检查车身底部防护层或底饰板是否破损
	11. 目测检查制动系统是否有泄漏和损坏
	12. 目测检查变速器、主减速器及等速万向节防护套有无泄漏或损坏
	13. 检查转向横拉杆球头的间隙、紧固程度及防尘套状况
	14. 检查手动变速器内的齿轮油油位，如必要，添加齿轮油
	15. 检查喷油器状态，必要时采取相应的维修措施
	16. 进行轮胎换位，按要求检查胎压，必要时校正，检查车轮螺栓拧紧力矩
	17. 润滑车门限位器
	18. 加注燃油添加液
	19. 维护周期指示器复位
	20. 试车：检查制动器、变速器、离合器、转向及空调等功能，查询故障存储器，终检
10 000km 或一年定期维护（之后每 10 000km 或每一年定期维护）	1. 查询自诊断系统故障存储器
	2. 目测检查发动机及发动机舱内的其他部件是否有泄漏或损坏
	3. 检查蓄电池固定情况，电眼颜色（免维护蓄电池无电眼的检查蓄电池电压）
	4. 检查制动液液位，必要时添加
	5. 检查风窗清洗液液面高度，必要时添加清洗液
	6. 检查冷却液液面高度及浓度（防冻能力），如必要，添加冷却液或调整浓度
	7. 更换发动机机油及机油滤清器
	8. 检查前、后制动摩擦衬块厚度

（续）

维护间隔	维护项目
10 000km 或一年定期维护（之后每 10 000km 或每一年定期维护）	9. 检查所有轮胎（包括备胎）的花纹深度、磨损情况并清除轮胎上的异物
	10. 目测检查车身底部防护层或底饰板是否破损
	11. 目测检查制动系统是否有泄漏和损坏
	12. 目测检查变速器、主减速器及等速万向节防护套有无泄漏或损坏
	13. 检查转向横拉杆球头的间隙、紧固程度及防尘套状况
	14. 检查手动变速器内的齿轮油油位，如必要，添加齿轮油
	15. 检查喷油器状态，必要时采取相应的维修措施
	16. 进行轮胎换位，按要求检查胎压，必要时校正，检查车轮螺栓拧紧力矩
	17. 润滑车门限位器
	18. 加注燃油添加液
	19. 维护周期指示器复位
	20. 试车：检查制动器、变速器、离合器、转向等功能，查询故障存储器，终检
	21. 检查安全气囊和安全带状态及安全气囊罩壳是否损坏
	22. 检查车内所有开关、照明设备、用电器、显示器和仪表各报警指示灯功能
	23. 检查滑动天窗功能，清洗导轨并用专业润滑脂润滑
	24. 检查车外前部、后部、行李舱照明灯等所有灯光状态和闪烁报警装置功能
	25. 检查风窗刮水器、清洗器及前照灯清洗装置功能，如必要，调整喷嘴
	26. 检查火花塞状态，必要时采取相应维修措施
	27. 清洗空气滤清器壳体，检查滤芯状态，必要时采取相应维修措施
	28. 清洗粉尘及花粉过滤器外壳，检查滤芯状态，必要时采取相应维修措施
	29. 检查自动变速器润滑油油位，如必要，添加润滑油（ATF）
	30. 检查排气系统紧固程度，检查有无泄露或损坏
	31. 检查前照灯光束，如必要，调整前照灯光束
其他维护项目	1. 更换火花塞（首次 20 000km 或两年，之后每 20 000km 或两年）
	2. 更换空气滤清器滤芯，清洗壳体（首次 20 000km 或两年，之后每 20 000km 或两年）
	3. 清洗粉尘及花粉过滤器外壳，更换滤芯（首次 30 000km 或两年，之后每 30 000km 或两年）
	4. 检查多楔传动带的状态（首次 30 000km 或两年，之后每 30 000km 或两年），必要时更换
	5. 更换燃油滤清器（首次 30 000km 或两年，之后每 30 000km 或两年）
	6. 检查手动变速器内的齿轮油液位及油质，如必要，添加或更换齿轮油（首次 60 000km 或四年，之后每 60 000km 或四年）
	7. 检查自动变速器润滑油油位及油质，必要时采取相应维修措施（首次 60 000km 或四年，之后每 60 000km 或四年）
	8. 更换制动液（每两年）

注：1. 所有维护项目，请维修技师根据车辆行驶里程/时间进行选择（以先到为准）。

2. 本任务单的维护内容是根据汽车正常行驶情况制订的，对于经常在恶劣条件下使用的车辆，某些维护内容需在两次维护间隔之间提前进行；特别是经常停车/起步及经常在低温条件下使用的车辆，应经常检查机油液位，并定期更换机油；对于经常在高尘环境或地区行驶的车辆，应增加清洗空气滤清器壳体及更换滤芯的频次。

5. 汽车油液的使用

（1）发动机机油的使用

1）机油的作用。

① 润滑发动机运动件的摩擦表面。

② 清洗发动机运动件的摩擦表面。

③ 冷却发动机运动件。

④ 加强气缸的密封性。

⑤ 防止机件生锈。

2）机油的分类。美国汽车工程师学会（SAE）对机油牌号的分类标准如下，数字越小，黏度越小，低温流动性越好。

① 冬季用油牌号：0W、5W、10W、15W、20W、25W。

② 夏季用油牌号：20、30、40、50、60。

③ 多级机油牌号：5W-30、10W-40、15W-40、20W-40、20W-20 等。

参照美国石油协会（API）的分类标准，汽油机机油有 SE、SF、SG、SH、SL、SM 和 SN 几个等级，柴油机机油有 CC、CD、CE、CF、CF-2、CF-4、CG-4、CH-4 几个等级，越往后等级越高，机油品质越好。机油牌号如图4-20所示。

3）机油的选用。

① 选用机油的重要性。机油相当于发动机的血液，选用更换是否正确将直接影响发动机的工作性能和使用寿命。

② 选用机油的注意事项。第一，汽油机机油和柴油机机油原则上不能相互代用，特别是汽油机机油不能用于柴油机，标有通用标志（如 SE/CC）的两用机油才能互换使用；第二，尽量使用多级机油，多级机油可一年四季使用，使用时间比较长；第三，尽量使用黏度低的机油；第四，根据发动机需要选择适用的机油；

图4-20 机油牌号

第五，应定期更换机油，新车走合期一般为每1000km更换一次，走合期过后每5000km（或每六个月）更换一次。

（2）冷却液的使用

1）冷却液的作用。现代车用冷却液（又称为防冻液，图4-21）是指在防冻液基础上添加防锈液、防垢液、防沸液合成的具有防结冰、防沸腾、防锈蚀与防水垢作用的冷却介质，并非单纯用作防结冰的防冻液。在发动机冷却系统中，冷却液用于吸收气缸及燃烧室周围的热量，使发动机工作温度保持在恒定范围。

2）冷却液的种类。

① 乙二醇型冷却液。乙二醇无色、微带黏性，沸点为197.4℃，冰点为-11.5℃，与水混合后冰点会明显下降。乙二醇质量分数为68%时，冰点降到-68℃，如超过该值，冰点则开始上升。乙二醇的吸水性强，因此应密封储存，以防冷却液液位上升溢出。乙二醇沸点比水高，冷却液在使用过程中蒸发的是水，因此，平时液面下降后，加入纯净水即可。

② 乙醇型冷却液。乙醇的沸点是78.3℃，冰点是-14℃，与不同比例的水混合可以得到不同冰点的冷却液。乙醇含量高，冷却液冰点就低，但冷却液中乙醇的质量分数不能超过40%，否则容易产生乙醇蒸气而着火。乙醇型冷却液冰点低，极限为-30℃，不宜在高寒地区使用。

3）冷却液的选用。

① 根据环境温度选择冷却液。冷却液冰点是冷却液的重要指标，选用时，冷却液的冰点一般要比当地最低气温低 10～15℃。

② 观察冷却液的状态和颜色。在选购冷却液时，应注意观察液体外观，若无沉淀及悬浮物，液体清亮透明，则冷却液性能稳定。

③ 检查冷却液气味。如果闻到冷却液有氨臭、酒精等异味，表明冷却液中加入了异常添加剂。

图 4-21　冷却液

4）冷却液的使用注意事项。

① 冷却液的添加剂中有有毒物质，应放置于小孩无法接触的场所。

② 更换散热器、气缸盖、气缸垫时，应更换冷却液。

③ 当发动机温度很高时，不能打开散热器盖，否则散热器内的高温冷却液会喷出伤人。

④ 添加冷却液时，发动机应处于冷态，避免气缸体高温时突然遇冷而破裂。

⑤ 在气温较低的冬季，若遇到全部加入纯净水等紧急情况，应尽快更换冷却液，以防结冰。

（3）制动液的使用

1）制动液的作用。制动液在制动系统中用来传递制动压力，制止车轮转动。

2）制动液的种类。制动液按产品使用工况温度和黏度要求的不同分为 HZY3、HZY4、HZY5、HZY6 四种级别，其中，三个大写字母分别为"合成""制动""液体"的汉语拼音首字母，数字越大，平衡回流沸点越高，运动黏度越小。HZY3、HZY4、HZY5 对应于美国交通运输部制动液类型的 DOT3、DOT4、DOT5.1（图 4-22）。

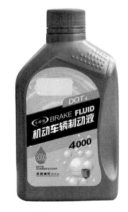

图 4-22　制动液

3）制动液的选用。

① 选用的重要性。制动液是制动系统传递制动力的介质，其品种、品质直接影响车辆的制动效果。制动液的选用是汽车维护的一项重要工作，关系到行车的安全性，因此，必须掌握制动液的选用方法。

② 选用的原则。尽量选用沸点高、高温气阻性好的制动液。部分车型推荐使用的制动液型号及更换周期见表 4-3。

表 4-3　部分车型推荐使用的制动液型号及更换周期

车　型	更换周期	推荐型号
丰田卡罗拉	40 000km／两年（先到为准）	DOT5
大众桑塔纳	50 000km／两年	DOT4
大众帕萨特	两年	DOT4
别克凯越	30 000km／18 个月	DOT3

4）制动液的使用注意事项。

① 应定期更换制动液。制动液中如有水分会使沸点降低，容易沸腾产生气泡，降低制动效果，产生安全隐患。应参照车辆使用说明书对制动液进行定期更换，并清洗制动系统。

② 应保持制动液的清洁。在更换制动液时，应对制动液进行过滤，防止杂质进入制动系统。

③ 已开封又长时间不用的制动液不能再使用。

④ 制动液不能混合使用。存放时间不同、品质不同的制动液如混合使用，会使制动液出现分层，影响制动效果，甚至失效。

⑤ 制动液底部出现沉淀后，不应再使用。制动液有沉淀，说明制动液已进入杂质或变质。

⑥ 制动液应密封存放，否则会使制动液吸入水分影响制动效果。

⑦ 使用矿油型制动液前，应把制动系统普通橡胶件换成耐油型橡胶件，防止制动液的膨胀作用损坏橡胶件，使系统密封不严而吸入空气，影响制动效果。

（4）齿轮油的使用

1）齿轮油的作用。用于润滑手动变速器、主减速器和转向器中的齿轮，以减少摩擦、降低磨损、冷却部件，缓和振动及冲击，防止锈蚀，清洗摩擦件。

2）齿轮油的分类。齿轮油的类型是根据产品特性、使用场合和使用对象确定的，在每个特定的类型代号之后应附有黏度等级，如图 4-23 所示。齿轮油的分类与其名称的对应关系见

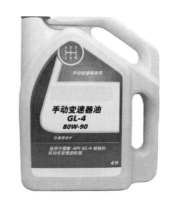

图 4-23　齿轮油

表 4-4。齿轮油的黏度等级有 70W、75W、80W、85W、80、85、90、110、140、190、250 几种，并有单级和多级之分。齿轮油的黏度等级不应与发动机机油黏度等级相混淆。

表 4-4　齿轮油的分类与其名称的对应关系

油品名称	分类品种
普通车辆齿轮油	GL-3
中负荷车辆齿轮油	GL-4
重负荷车辆齿轮油	GL-5
非同步手动变速器油	MT-1

3）齿轮油的选用。

① 按车辆使用说明书规定选用。

② 根据当地季节及气温条件选用。

③ 根据齿轮的类型及工况选用。

4）齿轮油的使用注意事项。

① 不同公司生产的齿轮油不能混合使用，也不能错用，否则可能会出现不易换档、换档冲击或离合器与变速器突然啮合现象。

② 要分清齿轮油的种类及使用级别。种类及使用级别不同，齿轮油的抗压性、黏度也不同。

③ 不能将机油与齿轮油互换使用，由于两者黏度级别、所加添加剂不同，若将机油注入齿轮箱，会造成齿轮润滑不良而加快磨损；若将齿轮油加入发动机，会发生粘缸、抱瓦等机械故障。

④ 严禁用注入机油、汽油、柴油等方法对齿轮油进行稀释，以免破坏油质。

⑤ 应定期检查、更换齿轮油。车辆每行驶 10 000km 应检查一次油位，若不足应及时添加；每行驶 30 000～45 000km 应更换。

6. 汽车维护营销话术

1）不经常使用的车辆，是否可以不按时更换冷却液？

不按时更换冷却液，如果冷却液浓度降低，气温低时会在发动机内部结冰而导致发动机损坏。此外还会增加发动机和水管内部的水垢，影响冷却液的循环，导致发动机冷却液温度过高，甚至影响发动机的使用寿命。

2）为什么制动片才使用20 000km就需要更换，质量是不是太差了？

正常行驶的情况下，前制动片寿命为20 000～40 000km，后制动片寿命为60 000～100 000km。制动片的使用寿命往往要依据车辆的运行情况、驾驶习惯、车载质量等具体情况而定。例如，长期在城市道路上行驶的汽车，其制动片的更换周期明显比长期在高速公路上行驶的车辆短；在山路上行驶的比在平路上行驶的短；紧急制动和长时间制动也会造成更换周期缩短。制动片的使用寿命与个人驾驶习惯和车辆行驶路况有很大关系，在车辆维护时应检查制动片的磨损情况。

3）为什么汽车节气门体要每15 000km就清洗一次呢？

发动机工作时，燃油蒸气与空气中的杂质混合，这些杂质会沉淀在节气门附近，时间长了就会导致节气门发卡，可能会造成怠速不稳、不易起动、发动机容易熄火等不良现象，因此应及时清洗节气门。

4）为什么要更换火花塞？火花塞为何不能修，只能换呢？

因为在火花塞工作时，电极之间产生火花，长时间会使电极间隙增大，不可逆转，影响点火性能，所以要定期更换。

5）多长时间更换一次空气滤清器？原厂空气滤清器为何这么容易脏？

空气滤油器可以过滤掉空气中的杂质和灰尘，保证清洁空气进入发动机，延长发动机的使用寿命。空气滤清器的维护要求为每10 000km清洁，每20 000km更换。如果车辆的使用环境恶劣，例如经常在风沙较大的地区行驶，或周围环境灰尘较多，建议缩短更换周期。如果不及时清洁更换，会使灰尘进入进气道，造成节气门发卡，行驶中突然熄火等不良现象。

6）免维护蓄电池平常使用时有什么注意事项？多长时间要更换？

车辆熄火后，尽量不要使用大功率的电气设备；车辆起动困难时，不要短时间内反复起动；注意蓄电池极柱的清洁和电缆线的可靠连接；注意仪表中的蓄电池指示灯，如果灯亮，及时检修充电系统。一般情况下蓄电池可使用两年左右，但蓄电池的寿命也与使用维护情况有关。如经常开长途的车辆，蓄电池寿命会适当延长，因为开长途也是一个充电的过程，而短途开车开开停停，对蓄电池的充电效果会有影响；充电系统的定期检查和蓄电池的定期维护可延长蓄电池的使用寿命。

三、汽车常见故障诊断

汽车故障诊断是指当汽车部分或完全丧失工作能力的现象发生后，在不解体（或仅拆下个别小件）的条件下，对汽车所进行的确定汽车技术状况，查明故障部位及原因的检查。

1. 汽车故障症状分类

汽车故障症状是在汽车操纵过程中可以感觉和察觉到的异常现象，能够感觉到的是功能性故障症状，能够察觉到的是警示性故障症状，有些故障症状可能不明显，既不能感觉到也不能察觉到，但是故障却存在，这样的故障是隐蔽性故障，它只能通过检测的方式才能发现，因而也称之为检测性故障。故障症状的具体表现形式及现象见表4-5。

表 4-5　故障症状的表现形式及现象

症状表现形式	症状现象
工作状况异常	行驶性能、运转性能、工作性能、操纵性能等不正常
仪表指示异常	仪表显示、灯光警示、屏幕显示不正常
各部响声异常	发动机、底盘、电气设备、车身各个部分的运动零部件及总成异响
工作温度异常	发动机，传动、制动、转向、行驶等系统的各个总成及润滑油温度不正常
机械振动异常	发动机、底盘等系统运动零部件及总成振动、摆动、跳动、抖动等
排放色味异常	尾气排放为白烟、蓝烟或黑烟，尾气排放有异味
气味颜色异常	各种液（气）体、燃油、润滑油、橡胶及塑料件等颜色、气味不正常
油液消耗异常	燃油、润滑油、冷却液、转向助力液、变速器油、差速器油等液体消耗量不正常
汽车外观异常	车身、车架、轮胎、轮辋、悬架、发动机舱、行李舱等外观变形
液体漏堵异常	发动机润滑油、冷却液、转向助力液、变速器油、差速器油等渗漏、堵塞等
检测参数异常	力、力矩、角度、位移、照度、压力、温度、功率、电压、电流、侧滑量、排放值等超标

从上述表格中不难发现，第一项工作状况异常是功能性故障的表现，第十一项检测参数异常是隐蔽性故障的表现，第二项到第十项异常是警示性故障的表现。

（1）工作状况异常　工作状况异常是指汽车的各个部分出现工作状况不正常的现象，这种现象能够直接感受到。例如：汽车加速不良、发动机怠速不稳、自动变速器换档不正常、制动失灵等。

（2）仪表指示异常　仪表指示异常是指汽车仪表指示不正常的现象，这种现象可以直接察觉到。例如：冷却液温度表指示温度过高、机油警告灯点亮、发动机故障指示灯亮等。

（3）各部响声异常　各部响声异常是指汽车行驶过程中发出不正常的响声，这种现象可以直接听到。例如：发动机连杆轴承、离合器分离轴承、变速器齿轮啮合有异响，排气管放炮，空调传动带发出噪声等。

（4）工作温度异常　工作温度异常是指汽车总成、部件的温度不正常，这种现象可以感觉到。例如：散热器"开锅"、自动变速器油温过高、制动盘（鼓）过热、排气管发红等。

（5）机械振动异常　机械振动异常是指汽车行驶中各部分的不正常振动，这种现象可以感觉到。例如：转向盘振动、车轮摆动、发动机振动等。

（6）排放色味异常　排放色味异常是指排气过程中气味和颜色不正常，这种现象可以观察到和闻到。例如：排放气味呛人、排放黑烟、排放蓝烟等。

（7）气味颜色异常　气味颜色异常是指汽车各部分在行驶和运转时出现味道和外观颜色不正常的现象，这种现象可以观察到和闻到。例如：车厢内的汽油味、机油烧焦味、离合器片焦煳味、电路外皮烧焦、机油或变速器油颜色异常等。

（8）油液消耗异常　油液消耗异常是指汽车润滑油、电解液、冷却液等消耗过快的现象，这种现象可以观察到。例如：机油消耗快、蓄电池电解液消耗过快、冷却液液位降低等。

（9）汽车外观异常　汽车外观异常是指汽车变形、倾斜等现象，这种现象可以观察到。例如：车身偏斜、车轮变形、车身前后左右高低不一致等。

（10）液体漏堵异常　液体漏堵异常是指汽车各部分有油液渗漏、泄漏或堵塞现象，通过检查可以发现。例如：发动机油底壳漏油、散热器渗漏、蓄电池电解液渗漏、燃油管路堵塞等。

（11）检测参数异常　检测参数异常是指只有通过检测才能发现的故障。例如：尾气排放超标、发动机功率下降等故障在变化范围比较小时，一般感觉不到，但通过测试可以发现。

2. 汽车发动机典型故障症状

（1）功能性故障症状

1）不能起动。

① 起动机不转。

② 起动机转，不点火、不喷油、缸压不正常。

2）起动困难。包括长时间起动、多次起动。

3）怠速不正常。

① 无怠速。

② 无快怠速、怠速高、怠速低、怠速抖动、怠速游车、怠速熄火、怠速摆动、怠速忽高忽低。

4）运转不良。转速不稳、抖动、喘振、闯车。

5）动力不足。最高车速低、爬坡无力。

6）加速不良。迟滞、无力、闯车、发闷、加速慢、加速转速低。

7）减速不良。熄火、不减速、减速慢。

8）自动熄火。实然熄火、逐渐熄火。

9）无法熄火。关闭点火开关后不熄火。

（2）警示性故障症状

1）进气异常。回火放炮、异响。

2）排气异常。放炮、发出"突突"声、温度异常、有异味、冒白烟、冒蓝烟、冒黑烟。

3）发动机异响。燃烧异响、机械运动副间隙响、气流异响、跳火异响、机件摩擦敲击响。

4）发动机异味。汽油味、焦味、机油味。

5）温度异常。散热器"开锅"、冷却液温度过高、冷却液温度过低、暖机慢。

6）指示异常。故障灯亮、充电灯亮、机油灯亮，转速表、燃油表指示不正确。

7）外观异常。转动异常、安装不当、变形损坏。

8）消耗异快常。燃油、润滑油、冷却液消耗过快。

9）颜色异常。润滑油、冷却液颜色不正常。

10）液体渗漏。冷却液渗漏、润滑油渗漏。

（3）检测性故障症状

1）气缸压力略低。

2）气缸漏气率略高。

3）曲轴箱窜气率略高。

4）进气真空度略高或略低。

5）散热器盖开关阀压力异常。

6）燃油压力略高或低。

7）机油压力偏高。

8）燃油箱盖进气阀开关压力异常。

9）流量、角度、温度等传感器输入参数轻微偏离等。

3. 汽车底盘典型故障症状

（1）功能性故障症状

1）离合器工作不良。

① 打滑：发动机转速升高快，车速升高慢。

② 分离不彻底：换档时变速器齿轮响。

③ 接合不平顺：起步时汽车窜动。

2）手动变速器工作不良。

① 跳档：行驶中动力突然中断。

② 乱档：变速器无法正常进入档位。

③ 卡档：变速器无法退回空档。

④ 换档困难：变速器进出档不顺利。

3）自动变速器工作不良。

① 无档：换入 D 位后不走车。

② 不换档：换入 D 位后不能自动升降档。

③ 换档冲击：自动变速器换档时闯车。

④ 换档迟滞：自动变速器换档时动力中断。

⑤ 选档困难：变速杆进出档位不顺利。

⑥ 打滑：离合器、制动带打滑，车速上升慢。

4）转向性能不良。发飘、沉重、位跑偏、摆头、摆振、转向不稳、转向不足、转向不回、转向过度。

5）制动性能不良。制动失灵、拖滞、跑偏、甩尾、解除迟缓，制动盘偏摆。

6）制动踏板操纵不适。制动踏板过高、过低、阻力过大、反弹。

7）驻车制动性能不良。坡道停车时溜车下滑。

8）防滑功能失效。ABS、ASR、EBD、ESP 等功能丧失。

9）减振器性能不良。车身颠簸、舒适性差。

10）车轮运转不良。车轮跳动、摆动。

（2）警示性故障症状

1）底盘异响。离合器、手动变速器、自动变速器、传动轴、万向节、前后桥、半轴、转向器及助力泵、制动器、驻车制动器、悬架、车轮有异响。

2）指示灯异常。档位指示，O/D、ABS、ASR、ESP、制动液位及驻车制动器指示灯显示不正常。

3）外观异常。车身倾斜、车架变形、悬架变形、轮辋损伤、车轮磨耗、车轮擦伤等。

（3）检测性故障症状

1）离合器踏板自由行程略大或略小。

2）转向助力泵油压偏高或偏低。

3）制动踏板行程略高或略低。

4）制动力左右略为不均。

5）制动轻微拖滞；制动器发热，温度略高。

6）四轮定位不准。

7）轮胎气压偏差。

8）车轮动平衡失准。

4. 汽车电气设备典型故障症状

由于许多电气设备必须通过观察的方式来确认其工作是否正常，这就决定了这种故障症状同时具备功能性和警示性的特征。例如：前照灯开关打开后，前照灯不亮，这对于前照灯控制电路来说是功能性故障症状，但这一症状又是通过观察才发现的，因此又属于警示性故障症状。

（1）功能性故障症状

1）灯光照明异常。不亮、发暗、光束位置不当等。

2）仪表指示异常。

① 仪表不动、摆动、指示不当。

② 指示灯不亮、闪烁。

3）信号系统异常。

① 喇叭不响、响声异常。

② 转向灯不亮、不闪、闪烁频率不当、不能自动关闭。

③ 制动灯不亮、常亮。

4）电源系统异常。

① 不充电、过充电、充电不正常。

② 蓄电池亏电、充不进电、不存电、电解液消耗快、寿命短。

③ 发电机不发电、发电异常。

5）空调系统异常。

① 压缩机不工作，压缩机工作但不制冷或制冷效果差。

② 出风控制异常。

6）辅助电气设备异常。刮水器工作异常、中控门锁工作异常、遥控器工作异常、防盗控制不正常、玻璃升降不正常、座椅调节装置不正常、后窗除雾不正常等。

（2）警示性故障症状

1）发电机、空调系统、起动机、继电器等工作中有异响。

2）线束烧焦、熔断器烧坏、塑料件烧焦等产生异味。

3）线束、熔断器、电动机、开关等发热。

4）蓄电池异常。通气孔大量冒气泡、电解液位低、电解液渗漏。

（3）检测性故障症状

1）基本参数异常。

① 电压、电流、电阻、电容、电感、频率、脉宽、占空比。

② 点火电压、点火闭合角、跳火时间、点火提前角。

③ 真空度、压力、温度、湿度、转速、功率、波形、相位等。

2）蓄电池异常。充放电电压，电流，电解液比重。

3）发电机异常。充电电压，电流，额定功率，额定转速等。

4）前照灯异常。工作电压，电流，照度、光束等。

5）空调系统异常。高低压力，进出口温度，湿度，温差等。

5. 汽车故障诊断的基本思路

汽车故障诊断的基本思路是从问诊入手，了解症状，经过试车验证症状，通过分析弄清原理，再推理假设可能原因，最后测试验证故障点是否成立。

当验证的环节证明假设的故障点不成立时，应该返回到前一个环节提出新的假设，然后再去验证。当提不出新的假设时，就要再向前一个环节进行重新分析；如果重新分析还得不到更新的假设，就要再向前一个环节，应更加仔细地试车，发现新的特征；必要时还可以进一步重复问诊过程以了解更多的信息，重新提出新的假设并加以验证，直至发现真正的故障点为止。

汽车故障诊断的基本流程以基本思路为基础，但比基本思路的内容更为详细。从故障症状出发，通过问诊试车（验证故障症状）、分析研究（分析结构原理）、推理假设（找出可能原因）、流程设计（提出诊断步骤）、测试确认（确认故障点）、修复验证（排除故障后验证），最后达到发现故障最终原因的目的。

6. 汽车常见故障诊断营销话术

1）车辆使用3年后，蓄电池突然没电，是不是质量问题？

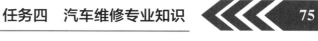

请客户不要担心，维修技师会对蓄电池进行详细的检查，查找具体原因；蓄电池的使用寿命为1～2年，请客户定期更换。此外，在使用时也应注意，车辆停放状态下不能长时间开灯、听音乐等，这样也会造成车辆起动时蓄电池突然没电。

2）你们4S店不是修理吗？为什么我的车出现问题以后老是要换总成？

更换总成是为了确保零配件维修使用安全。例如，更换转向器内油封需专用工具并有较高的工艺要求，一般仅更换油封无法保证修理质量，可能会导致转向器漏油、失灵，存在极大的安全隐患。对维修工艺要求不高或有相应修理技术做保证时，我们的维修技师会给客户修复的。

3）发动机故障指示灯亮时车辆是否可以继续行驶？

在发动机故障指示灯亮时，如果车辆继续行驶，一段时间后排放系统将不能正常工作，燃油经济性将下降，最后导致发动机不能正常运转。这样就会造成修理费用高昂，并且不属于保修范围。建议在发动机故障指示灯亮时，应立即停车并拨打售后服务中心的救援电话。

4）车辆仪表盘和左前门在行驶到颠簸路面时有异响，到店检查试车没有声音，可离开店后不久响声又出现了，到底是什么原因？

首先询问异响是经常性还是偶发性，是在什么路况下出现的，如果客户说是偶发性的，则建议客户在方便的时候到店与维修技师一起到特定的道路进行试车，或者在不忙的时候将车辆放在店内1～2天，由维修技师进行综合诊断，彻底排查故障原因。

5）车辆行驶50 000km后，发动机为什么会出现急速抖动，有时还会出现熄火的情况？

产生这种故障现象的原因有很多，需要维修技师进行检查后才能进一步确认，请客户稍等。遇到类似的问题不能简单判断，只有先进行检查后才能下结论。

6）排气管为什么有声音？

如果声音出在接口垫片处，可能是接口垫片摩擦造成的，或者是垫片损坏漏气造成的；如果是消声器的声音，可能是内部腐蚀、开焊造成的，这些多数是燃油品质不良、经常低速行车等原因使消声器内部长期积水引起的。具体原因还需要维修技师检查后才能确定。

四、常见的汽车技术

1. 名词解释

（1）防抱死制动系统（ABS）　防抱死制动系统可以感知制动轮每一瞬间的运动状态，并根据其运动状态相应地调节制动器制动力矩的大小，避免出现车轮抱死的现象。该系统可使车辆在制动时维持方向稳定，缩短制动距离，有效提高行车安全性。

（2）驱动防滑系统（ASR）　驱动防滑系统是防抱死制动系统功能的拓展，作用是提高汽车行驶稳定性，最大限度地利用车轮与路面间的纵向附着力，防止车辆出现侧滑现象。

（3）电子制动力分配（EBD）　配置有EBD系统的车辆在制动时会自动侦测各个车轮与地面间的附着状况，将制动力适当地分配至四个车轮。在EBD系统的辅助之下，车轮能够获得更好的制动性能，使得制动距离明显缩短，并在制动时保持车辆的平稳，提高行车的安全。

（4）缸内直喷　缸内直喷是将喷油器设置在进、排气门之间，高压燃油直接注入燃烧室平顺高效地燃烧。缸内直喷技术通过均匀燃烧和分层燃烧降低了高负荷，尤其是低负荷下的燃油消耗。

（5）涡轮增压　涡轮增压器利用发动机排出的废气的惯性冲力来推动涡轮室内的涡轮，涡轮又带动同轴的叶轮，叶轮压缩由空气滤清器过滤后送来的空气，使之增压进入气缸。发动机转速增大时，废气排出速度与涡轮转速也同步增快，叶轮就压缩更多的空气进入气缸，空气的压力和密度增大，可以燃烧更多的燃料，从而增加发动机的输出功率。

（6）可变气门正时（VVT-i）　VVT-i是丰田公司的智能可变气门正时系统的英文缩写。VVT-i发动机的ECM在各种行驶工况下自动搜寻一个对应发动机转速、进气量、节气门位置和冷却液温度的最佳气门正时，并控制凸轮轴正时液压控制阀，通过各个传感器的信号来感知实际气门正时，然后再执行反馈控制，补偿系统误差，达到最佳气门正时的位置，从而能有效地提高汽车的功率与性能，减少耗油量和废气排放。

（7）电子稳定系统（ESP） 电子稳定系统通过对从各传感器传来的车辆行驶状态信息进行分析，然后向 ABS、ASR 发出纠偏指令，以帮助车辆维持动态平衡。ESP 可以使车辆在各种状况下保持最佳的稳定性，在转向过度或转向不足的情形下效果更加明显。

（8）混合动力电动汽车 混合动力电动汽车（Hybrid Vehicle）是指车辆驱动系统由两个或多个能同时运转的单个驱动系统联合组成的车辆，车辆的行驶功率依据实际的车辆行驶状态由各驱动系统单独或共同提供。通常所说的混合动力电动汽车指油电混合动力电动汽车，即采用传统的发动机（柴油机或汽油机）和电动机作为动力源，也有发动机经过改造使用其他替代燃料，例如压缩天然气、丙烷和乙醇燃料等。

2. 营销话术

1）混合动力车型是否有很强的电磁辐射？

混合动力电动汽车产生的电磁波与常规车辆相同，实际上，只要是高压零部件就会产生高频电磁波，但是各部件都进行了适当的屏蔽，完全没有必要担心电磁辐射的问题。

2）混合动力到底是怎么回事儿？发动机和电机是怎么配合工作的？

混合动力指的是在一辆车上有两个动力源：发动机和电机，发动机和电机相互配合，实现汽车对低油耗、低尾气排放量的要求和良好的加速性能。混合动力电动汽车的特点是在车辆起动或者低速行驶的时候尽量使用电机驱动车辆，而在定速行驶期间，使用发动机驱动车辆。

3）电驱动变速器冷却液液位为什么会低于标准下限？需要怎么解决？

车辆电驱动变速器冷却液液位低的可能原因有冷却水管、管夹、散热器、冷却泵、膨胀水箱及盖、电驱动变速器、电力电子箱等有渗漏，稍后维修技师会为车辆做详细检查，根据检查结果进行维修，并将电驱动变速器冷却液加到正常刻度。

4）上汽荣威 ei6 这款车有几个冷却系统？

这款车有三个冷却系统，分别是：发动机冷却系统、电驱动变速器和电力电子箱冷却系统、动力蓄电池冷却系统。

5）混合动力车辆进行充电操作时应注意哪些事项？

应避免在加油站、有易燃气体和液体的地方进行充电；充电受外界温度的影响，低于 0℃ 时充电时间长，下雨天充电应注意遮雨防护，极端天气（雷雨）应停止充电；充电时特殊人群（植入式心脏起搏器、心血管除颤器）需要远离车辆，避免因为电磁干扰影响电子设备的正常使用而导致意外发生，充电结束后可放心乘坐、驾驶；车辆充电过程中禁止人员进入车辆内部，更不可以插入钥匙起动车辆。

6）混合动力车辆日常维护需要注意哪些事项？

每个月至少使用一次并对车辆进行均衡慢充 5 小时；动力蓄电池电量为 10%（仪表电量显示为零）的情况下停放不能超过 7 天；长时间不使用（超过 3 个月）时，请确保动力蓄电池电量在 50% 以上；车辆应停放在 −10 ~ 30℃ 的干燥环境中，不允许车辆在 45℃ 以上环境中停放超过 8 小时或在 −20℃ 以下环境中停放超过 12 小时。

7）在下雨天路面积水较深的情况下，开混合动力车辆会有漏电风险吗？

厂商在车辆设计的时候就考虑过涉水的情况，蓄电池组、电机都有防水设计，蓄电池管理系统也有过电流保护，正常使用下涉水是没有问题的。但是还应考虑车辆的实际情况，例如防水部件是否老化，蓄电池壳体是否有破损，过电流保护模块能否正常工作等，任何部件出现问题都可能对车内人员、车周边的行人造成触电伤害，因此不推荐在积水较深的路段进行涉水行驶。

8）如果 ei6 轿车动力蓄电池电量耗尽，油耗会不会很高？

正常情况下车辆发动机的排量越低，车身重量越轻，越节省燃油，但驾驶人的驾驶习惯和用车环境对油耗也有很大影响。平时发动机怠速等待时间不应过长，不应急踩加速踏板、制动踏板；尽量保持车辆匀速行驶，一般 60～100km/h 是相对比较经济的时速，油耗比较低；保持正常轮胎胎压，车辆尽量不要装载太多的物品，否则也会增加油耗。

一、实训目的

1. 掌握汽车构造、汽车维护、汽车常见故障诊断以及常见的汽车技术方面的专业知识，认识汽车维修专业知识在综合业务接待工作岗位中的重要性。

2. 全面掌握汽车维修专业知识营销话术。

二、实训要求

1. 指导教师对全班学生进行分组，每 6～8 人为一组，自行扮演角色，演示后交换。

2. 设定情景，内容包括汽车构造、汽车维护、汽车常见故障诊断以及常见的汽车技术四方面。

3. 表演模拟，各位学生自我介绍扮演的角色。

4. 每组依次上台进行实训操作，每组的学生代表点评，教师进行总结归纳。

三、实训步骤

第一步（学习准备）：教师引导学生解析学习目标，分析学习任务。引导学生进行任务实施前的学习，完成实训内容的任务准备。

第二步（制订计划）：教师引导学生根据已明确的学习任务，制订完成任务的计划。教师应引导学生培养团队协作、沟通聆听的意识。

学习计划应包含任务陈述、团队成员、学习资源（包含网络、教材资料）和具体安排。

第三步（任务实施）：以小组为单位展示学习成果。

四、实训内容

根据任务描述的情境，讨论并完成如下任务准备。

1. 完成本工作任务，需要进行哪些方面汽车维修专业知识的准备？

1）_____

2）_____

3）_____

4）_____

2. 接待客户过程中，对行驶 30 000km 的车辆所做的维护项目都有哪些？

1）_____

2）_____

3）_____

4）_____

3. 车辆才行驶了 30 000km，为什么要检查多楔传动带？

_____

_____

4. 车辆制动性能良好，制动液为什么还会少那么多？

 评价反馈

根据接待客户的礼仪要求及实施规范完成整个任务，教师注意引导学生填写评价表（表4-6）。

表4-6 学习任务完成质量评价表

考核内容	考核要求	配分	得　分	
			自评	互评
学习计划	学习计划的全面性、可操作性	10		
展示完整性	在规定时间内完成相关的话术	30		
展示标准度	按照标准回答客户提出的关于汽车30 000km维护方面的问题	30		
专业知识	与客户交流过程中，使用汽车维修相关专业知识	20		
亲和力	与客户交流过程中是否具有亲和力	10		
合计	—	100		
操作时间	开始时间：　　结束时间：　　实际用时：			

在完成本项目学习任务后，通过小组会的形式进行总结和思考，由教师指导学生填写学习过程评价反馈表（表4-7）。

表4-7 学习过程评价反馈表

序号	评价内容	分值	自评分	他人评分	实际得分
1	独立完成的任务	15			
2	小组合作完成的任务	20			
3	教师指导下完成的任务	15			
4	是否达到了学习目标，能否熟练掌握汽车30 000km维护方面的问题	40			
5	存在的问题及建议	10			

注：实际得分=（自评分+他人评分）/2。

任务五　车辆维修质量检验

车辆在车间完成维修后，要经过维修技术人员严格的自检、班组组长的复检和车间主管/质检技术人员的终检，只有这样维修质量才能得到很好的保障。但是，为了确保在交付车辆时能兑现对客户的质量承诺，服务顾问还应该在车辆交付前对竣工车辆进行严格的交车前检查，掌握客户车辆的详细维修细节和车辆状态，确保能让客户满意。

本任务要求学生能根据企业要求进行派工、控工及预检，并能按照质检流程与实施规范标准进行车辆的质检。

目标名称	目标内容
知识目标	1. 能够规范地完成维修派工
	2. 能够掌握配件预检流程
	3. 能够完成维修质检
技能目标	1. 能准确表述维修车辆的质检流程与实施规范
	2. 能够实际完成车辆质检
情感目标	培养学生团队意识和强烈的责任感

建议学时：10 课时。

服务顾问张华向客户王先生介绍本次维修作业的主要项目、维修时间及相关费用后，王先生同意并在维修合同上签字。张华接下来该如何办理车间派工？在维修过程中，维修技师发现有其他项目需要维修，张华应该怎么办呢？

要想使客户对维修服务企业满意，不仅要保证接待客户的服务质量，更要保证维修质量。此外，还应保证在车辆维修期间客户能够及时得到车辆的相关信息。因此，在客户车辆接待完毕、安排好客户休息后，服务顾问要立即开始派工及控工作业，以确保车辆按约交付，使客户满意。

配件预检可以及时地告知客户配件的可用状态，向配件部递交配件预定单，使配件部尽可能多地提前获取所需的配件信息，以便维修技师能及时得到配件，减少等待配件的时间，确保按时完成车辆的维修，提高客户的满意度。

一、车辆派工及控工

1. 车间派工的目的

车间派工的主要目的是为服务顾问、车间主管和维修技师提供最有效率的方法来进行车辆的派工。

2. 车间派工的流程

1）服务顾问与客户签订好维修合同后，与车间主管交接。服务顾问将车开至待修区，将车辆钥匙、维修工单、接车登记表或预检表交给车间主管，并向车间主管交代作业内容、交车时间及其他注意事项。

2）车间主管向班组派工。车间主管确定派工优先顺序，一般情况下，按照先到先修的原则，但如果客户为预约客户，并且在约定时间内到达，则应优先处理预约客户的车辆，将该车辆安排至事先准备好的预约工位进行维修。若其他客户对此有异议，需及时说明情况，并适时宣传预约的好处。

3. 控工

4S店每天进店车辆较多，服务顾问、维修技师需要不停地为客户及车辆提供服务。某一时刻，有的车辆处于未派工状态，有的处于已派工状态，有些在维修中，有些是已竣工，如图5-1～图5-3所示。不同的车辆交车时间不同，维修过程中的动态变化考验着车间主管的管控能力。如此繁杂的系统工作，若做得不好，车间生产将混乱不堪，无法正常运转。因此，4S店都会有控工管理系统。

图 5-1　维修车辆等待派工

4. 派工及控工的技巧

（1）立即派工　养成立即派工的习惯，以提高现场效率、加快维修进度。

（2）依车况分配适当的维修技师　了解厂内维修技师的技能水平，依车况分配适当的维修技师。如果分配不当，将对准时交车与维修品质造成不良影响。

（3）把握现场工作教导　在维修技师较空闲时，可请经验丰富的维修技师进行故障点排除等经验分享，以提升其他维修技师的维修技能。

（4）平衡派工原则　掌握工作难易程度，在派工时要掌握平衡分配法，以避免引起维修技师的不满情绪。

（5）完工时间的要求　派工时必须要有完工时间的要求，否则不仅维修效率低、维修进度失控，准时交车的满意度也会下降。

（6）派工时相关纪要　说明客户独特的用车习惯，提醒过去的工作失误，说明特别维修项目，交代其他待查项目，强调免费服务工作等。

5. 派工及控工注意事项

1）给每位维修技师的各项维修工作之间留出 15 分钟的富余时间，以备可能的超时。

2）若有未预料的维修超时，须尽早通知客户，征得客户同意后更新交车时间，并在控工板上重新修正。

3）通过控工板检查车间是否超负荷工作，检查任务是否饱和。

4）控工板需一人管理，通常为服务顾问或车间主管。

5）尽量将较复杂的维修工作安排在中午之前，以便获得较多时间，保证在当天完成交车。

图 5-2　维修车辆未派工

图 5-3　维修车辆已派工

二、配件预检的流程

1. 询问配件情况

询问配件是否短缺，如图 5-4 所示，如配件充足，则备货检料，维修技师领料；如配件短缺，则应通知客户（分两种情况：外调配件，可当天到货，通知维修技师领料；订购配件，非当天到货，查看配件订货管理看板，到货通知客户）。

图 5-4　电话询问配件情况

2. 配件的预订

当客户所需配件当日无法取得时，应获得客户谅解，并尽快为客户订购。

1）若大额且客户自费的配件短缺，则应引导客户预缴一定比例的订金，以降低库存积压的风险。

2）若索赔类或小额配件短缺，可直接为客户进行订货处理。

3. 配件预检的工作要点

在配件预检流程的相关工作中，应该掌握以下要点：

1）配件部的工作人员依据日常出库的统计表，估算出常用配件的名称及数量，再由配件部通知服务顾问所需配件的状态。

2）配件部的工作人员在维修技师来领料之前准备好所需配件，减少等待领取配件的时间。

3）配件部的工作人员提前获得所需配件的信息，在维修技师工作前补充没有库存的配件。

4）接车环检时就应了解配件的可用情况，这样可减少客户因为缺少配件而在现场等待的时间。

5）维修技师填写领料单，配件部人员确认配件供货情况，如果配件缺货，应在第一时间通知服务顾问，由服务顾问告知客户。

三、质检

1. 质检的工作内容

（1）质量检查　质量检查是维修服务流程中的关键环节。班组自检合格后，班组组长将车辆停放到待检区，把维修单据和车辆钥匙交给质检员，并请质检员在维修委托书上注明时间并签字确认。班组组长同时通知调度员车辆已经进入检验环节，调度员更新车辆维修进程表。质检员根据质量工艺标准对车辆维修项目进行检验，如图5-5所示，检验时要求检查维修工艺流程，对维修项目的所有注意事项进行详细的检查，必要时进行路试检查，并对车辆检验结果进行记录。车辆路试时，质检员要遵守道路交通规则，并按照指定的路试路线对车辆进行路试检查。

图5-5　车辆质检

质量检查合格后，质检员在维修委托书上签字确认，然后将车辆停放到待洗区，把维修单据和车辆钥匙交给洗车组长以安排车辆清洁，并通知调度员车辆已经进入洗车环节，调度员更新车辆维修进程表。

如果车辆质检不合格，质检员将车辆直接返回维修班组，责成班组返修车辆，同时做内部返修记录。

（2）车辆旧件处理　若客户需要将旧件带走，则维修技术人员应将旧件擦拭干净并包装好，将其放在客户指定的位置或车上。

（3）车辆清洁　维修车辆经质量检查合格后，车辆移交给洗车人员，洗车人员应对车辆内、外部进行清洁，以保证将维修完好、内外整洁的车辆交付客户。

（4）交车前检查　服务顾问应对车辆进行交车前的检查工作，如图5-6所示，其主要内容包括核对维修项目、工时费、配件材料和数量、配件材料费等。检查合格后通知客户取车，并告知客户车辆在使用过程中的注意事项及提醒客户下次车辆维护的时间。

图5-6　服务顾问进行交车前检查

2. 质检作业流程

质检作业流程如图5-7所示。

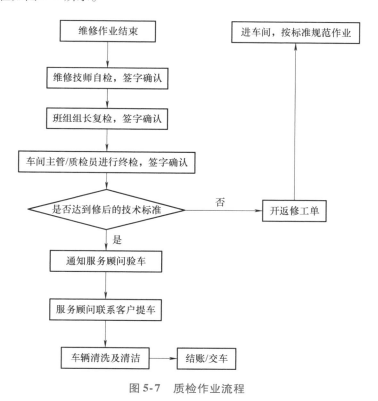

图5-7　质检作业流程

四、质检实施规范化

1. 维修维护质量控制

（1）维修人员的自检（一级质检）　车辆维修完成后，主修技师需要对各项维修的作业内容进行检查，并在委托书项目栏内标注，确认该项目已完成作业。

1）维修技术人员需要查看客户要求的各项服务内容是否完成，认真检查维修工单上的问题。如果发现还存在问题，须及时为客户解决。若因有问题影响到维修项目及费用或涉及交车时间的，必须及时反馈给服务顾问，以便及时告知客户。

2）对于大修车辆，维修技术人员须同车间主管/质检员进行过程检验，检测发动机主要装配数据，并填写发动机大修检验单（表5-1）中的相关内容。

表5-1　发动机大修检验单

序号	评定项目	评定技术要求	检查方法与手段	评定方法	备注
1	装备与装配	发动机装备齐全，有效，装配符合标准中的有关规定	检视	有一处以上缺陷则为不合格	
2	冷车起动	在环境温度不低于 -5℃ 时，应起动顺利，允许连续起动不多于3次，每次起动不多于5s	检视	起动超过3次或多于5s均为不合格	
3	热车起动	在发动机正常工作温度下5s内能起动	检视	不符合要求为不合格	
4	真空度数值	汽油机怠速时，进气歧管真空度应在 57~70kPa 范围内	用转速表、真空计检查（大气压强以海平面为准）	不符合规定为不合格	
5	真空度波动范围	汽油机怠速时，进气歧管真空度波动，不超过3kPa	用转速表、真空计检查（大气压强以海平面为准）	不符合规定为不合格	

3）自检合格后，维修人员在维修委托书上签字确认，把检查完成事项填入管理进度看板，并将维修委托书、更换的配件、钥匙等随车交给班组组长进行复检，然后通知质检员该车已进入交车程序。

（2）维修班组组长的检后验（二级质检）

1）按照规定，对已完成的各个维修项目进行复检确认，核对更换配件清单等，确保做到无漏项、无错项。

2）检查接车登记表上客户反馈的问题是否已解决，做到维修有记录、检查有结果、调整有数据。

3）对于重要修理、安全性能方面的修理、返修等应重点检验，确保维修的质量。

4）对车辆进行运转试车，确保维修项目符合技术规范；对于转向系统、制动系统、总成部件的维修，应将注意事项在维修合同上醒目注明。

5）当发现有问题时，必须及时采取相应的措施进行修正，并及时反馈给维修技术人员，总结维修经验，避免今后发生类似的情况。

6）检验合格后，在维修委托书上签名，并与车间主管/质检员进行质检的工作交接。

（3）质检员的终检（三级质检）

1）质检员根据维修合同上的项目进行逐项验收，并核实有无错项与漏项。

2）检查轮胎螺母、螺钉的紧固力矩。

3）对于有关安全方面的维修项目，质检员必须进行路试检测。

4）如果车辆检验不合格，质检员将车辆直接返回维修班组，责成班组组长安排返修车辆，直至符合技术标准，同时做内部返修记录。

5）做好终检记录，在维修委托书和合同上签字确认。

6）质检合格后，质检员将车辆停放到待洗区，把维修单据和车辆钥匙交给洗车组长以安排车辆清洁，并通知调度员车辆已经进入洗车环节，调度员更新车辆维修进程表。

2. 返修流程

1）对于保修期内的车辆，客户反馈有维修质量问题的，服务顾问应在第一时间通知车间主管、质检员，同时调出该车维修档案，供接车参考。其程序是：服务顾问→车间主管、质检员→调出该车维修档案→初步判断问题→约客户到店→选派有经验的维修技师对车辆进行维修→车间主管、质检员共同检验，严格把关→服务顾问与客户共同进行检验。

2）对于返修的车辆，服务顾问、车间主管、质检员应以积极的态度对待，第一时间安抚客户，将客户的不满情绪及损失降到最低。同时，车间主管、班组组长以及相关维修人员第一时间对车辆出现的问题进行分析，以最短的时间、最合理的方案完成返修任务。如果是因客户操作导致出现问题的，由服务顾问负责向客户讲解操作注意事项；若确定是更换的配件的原因，则对问题配件进行质量鉴定，并出具质量问题报告，以便索赔人员向厂家进行相关的索赔。若是修理上的瑕疵，判别是否属于非人为因素，如为非人为因素，则由原来的维修技师返修；如为人为原因，则分配给技能高些的维修技师进行维修，确保一次性修复率。返修流程如图5-8所示。

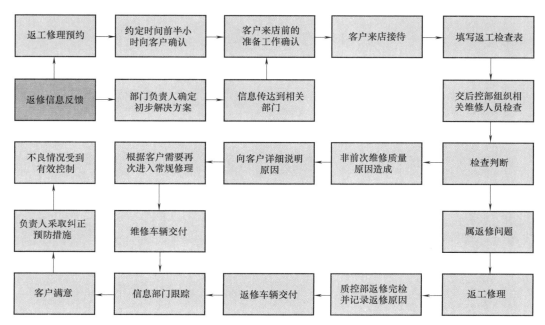

图5-8　返修流程

一、实训目的

1. 了解生产调度员或车间主管如何合理调配维修人员，适时、快捷、合理地安排和调配工作，达到预期修理效果。

2. 掌握维修技师的技术能力，能妥善安排生产作业，提高工作效率。

3. 学会按先来后到的工作顺序合理安排维修工位，不将私人情感带入工作中。

二、实训要求

1. 指导教师对全班学生进行分组，每6~8人为一组，自行扮演角色，演示后交换。

2. 设定情景，内容包括预约登记、填写工单、更新服务看板、跟踪维修进度等环节，另外还包括问候、站位、手势、微笑、请客户入座、目光关注、车辆信息核对、文明用语等。

3. 表演模拟，各位学生自我介绍扮演的角色。

4. 每组依次上台进行实训操作，每组的学生代表点评，教师进行总结归纳。

三、实训步骤

第一步（学习准备）：教师引导学生解析学习目标，分析学习任务。引导学生进行任务实施前的学习，完成实训内容的任务准备。

第二步（制订计划）：教师引导学生根据已明确的学习任务，制订完成任务的计划。教师应引导学生培养团队协作、沟通聆听的意识。

学习计划应包含任务陈述、团队成员、学习资源（包含网络、教材资料）和具体安排。

第三步（任务实施）：以小组为单位展示学习成果。

展示内容应包含：学习计划，学习小组成员就客户的情况对车辆质检的内容进行描述，并根据4S店实际工作场景按派工流程与实施规范进行现场质检。

四、实训内容

根据任务描述的情境，请你为王先生的车进行派工并完成质检，讨论并完成如下任务准备。

1. 完成本工作任务，需要进行哪些方面的准备？

1）_____

2）_____

3）_____

4）_____

2. 派工过程中，对服务顾问有哪些要求？

1）_____

2）_____

3）_____

4）_____

3. 派工的流程包括哪些内容？

1）_____

2）_____

3）_____

4）＿＿＿＿＿＿＿＿＿＿＿＿＿＿＿＿＿＿＿＿＿＿＿＿＿＿＿＿＿＿＿＿＿

4. 质检的实施需要做哪些方面的工作？

1）＿＿＿＿＿＿＿＿＿＿＿＿＿＿＿＿＿＿＿＿＿＿＿＿＿＿＿＿＿＿＿＿＿

2）＿＿＿＿＿＿＿＿＿＿＿＿＿＿＿＿＿＿＿＿＿＿＿＿＿＿＿＿＿＿＿＿＿

3）＿＿＿＿＿＿＿＿＿＿＿＿＿＿＿＿＿＿＿＿＿＿＿＿＿＿＿＿＿＿＿＿＿

5. 如有维修增项，应该怎样与客户进行沟通？

1）＿＿＿＿＿＿＿＿＿＿＿＿＿＿＿＿＿＿＿＿＿＿＿＿＿＿＿＿＿＿＿＿＿

2）＿＿＿＿＿＿＿＿＿＿＿＿＿＿＿＿＿＿＿＿＿＿＿＿＿＿＿＿＿＿＿＿＿

3）＿＿＿＿＿＿＿＿＿＿＿＿＿＿＿＿＿＿＿＿＿＿＿＿＿＿＿＿＿＿＿＿＿

6. 阅读下面的案例，回答问题。

小王是某汽车维修企业的服务顾问，有比较丰富的经验。一天早上她接待了一辆事故车维修。该车是因客户在驾驶时追尾造成前保险杠损坏而来报修的。由于该客户购买了保险，保险公司判定此事故属于保险索赔的范围，因此小王与公司的保险索赔专员小李共同接待了客户。当客户问什么时间能取车时，小李按照惯例说"明天上午"，而小王作为经常负责车辆维修跟进的服务顾问，根据以往的经验判断，交车时间估计至少要两天后。于是小王马上对客户说："不好意思，这种事故车的维修至少要到后天上午才能完成。"客户听后很不高兴，说："我后天上午10点一定要取车。"客户对小王感到十分不满，认为她对自己不热心，服务不好，这为后续的沟通埋下了隐患。

这辆事故车进厂维修的保险理赔由保险索赔专员小李办理，而车辆维修的具体事宜则由服务顾问小王办理。该车需要对保险杠进行钣金修理及喷漆处理。办理完接待手续后，车辆便进入车间维修。第二天中午，当小王到车间巡查车辆维修进度时，发现该车辆完成钣金修理后便停放在一边，于是就与喷漆师傅联系，告知已经答应客户明天上午10点交车，希望能尽快完工，喷漆师傅说："我保证明天上午可以交车。"

第三天刚上班小王便来到车间，事故车辆仍停放在那里，喷漆工序还未开始，小王心里非常着急，同时也感到非常气愤，于是便找来维修服务主管反映车间维修进度无法保证完成的事情。维修服务主管与车间主管一起来到车旁要求喷漆师傅早上完工，而喷漆师傅反映前台接待的车辆要求赶进度的太多，承诺客户时根本没有考虑到喷漆车间的实际情况，自己只能尽力而为。在车间主管的要求下，他马上将手头的工作停下，给这辆事故车做前保险杠喷漆，但上午交车是不可能的。

于是小王便准备与客户联系，但客户认为上午10点就能取车，已经提前到店了。当客户得知不能取车时，本来就对小王有成见的他顿时非常生气，在接待大厅吵了起来。最后小王答应帮客户把其他部位也修补一下，客户才平静了下来。

这辆车是在第四天的上午10点交车的。

1）保险索赔专员小李的做法是否得当？

＿＿＿＿＿＿＿＿＿＿＿＿＿＿＿＿＿＿＿＿＿＿＿＿＿＿＿＿＿＿＿＿＿＿＿

＿＿＿＿＿＿＿＿＿＿＿＿＿＿＿＿＿＿＿＿＿＿＿＿＿＿＿＿＿＿＿＿＿＿＿

2）服务顾问小王应该如何与客户进行沟通？

＿＿＿＿＿＿＿＿＿＿＿＿＿＿＿＿＿＿＿＿＿＿＿＿＿＿＿＿＿＿＿＿＿＿＿

＿＿＿＿＿＿＿＿＿＿＿＿＿＿＿＿＿＿＿＿＿＿＿＿＿＿＿＿＿＿＿＿＿＿＿

3）服务顾问小王最终处理是否得当？

＿＿＿＿＿＿＿＿＿＿＿＿＿＿＿＿＿＿＿＿＿＿＿＿＿＿＿＿＿＿＿＿＿＿＿

 评价反馈

根据派工流程及质检实施规范完成整个任务，教师注意引导学生填写评价表（表5-2）。

表5-2 学习任务完成质量评价表

考核内容	考核要求	配分	得分	
			自评	互评
学习计划	学习计划的全面性、可操作性	10		
展示完整性	在规定时间内完成整个派工流程	10		
展示标准度	按照标准派工流程与质检实施规范进行	30		
商务礼仪	与客户交流过程中，使用标准商务礼仪	10		
异议处理	在维修过程中能正确处理客户异议	20		
亲和力	与客户交流过程中具有亲和力	20		
合计	—	100		
操作时间	开始时间： 结束时间： 实际用时：			

在完成本项目学习任务后，通过小组会的形式进行总结和思考，由教师指导学生填写学习过程评价反馈表（表5-3）。

表5-3 学习过程评价反馈表

序号	评价内容	分值	自评分	他人评分	实际得分
1	微笑服务，礼貌服务，全程与客户互动交流	10			
2	三级检验过程完整、正确	50			
3	正确、专业地处理客户异议	20			
4	返修流程的规范性	20			

注：实际得分 =（自评分 + 他人评分）/2。

 知识拓展

在质检过程中应努力做到以下几点：

1）审核维修委托书，确保所有要求的工作全部完成。

2）按照检验规范进行检验。

3）必要时，由服务顾问和主修技师一同进行路试。

4）检验不合格的车辆按照程序进行处理，并及时通知服务顾问。

5）对检验过程中发现的问题进行评估，并告知服务顾问，由服务顾问及时与客户进行沟通。

6）发现的任何问题都要记录在委托书上。

7）使用质量保证卡。

8）确保车辆得到彻底清洁。

9）及时通知服务顾问进行内部交车。

10）向服务顾问说明车辆维修情况和质量状况。

11）告知服务顾问零件的使用寿命。

12）任何需要维修但未执行的工作都应记录在委托书上。

13）将已维修好的车辆停放在竣工车停车位。

在质检过程中应尽量避免的事项如下：

1）维修委托书上有未完成的工作。

2）不按规定进行检验。

3）检验不合格的车辆不进行处理。

4）检验过程中发现的问题不向服务顾问报告，导致未能与客户及时进行沟通。

5）车辆未清洁彻底。

6）没有及时通知服务顾问进行交车。

7）不向服务顾问解释维修情况和质量状况。

8）未记录需维修但未修理的项目。

9）未将已维修完成的车辆停到竣工车停车位。

车 辆 交 付

任务六

车辆在完成维修维护之后，是否直接交付给客户？应该怎么样完成车辆的交付才能让客户满意？

在交车环节提高客户的满意度，努力与客户成为朋友，以便开展未来的客户管理工作，成为公司开展业务的途径之一。

本任务要求学生在完成车辆维修维护后，能根据企业要求引导、解释结算工作，规范地开展车辆交付工作，准确表述车辆结算的内容、交车服务流程与实施规范，并能实际完成车辆交付。

 学习目标

目 标 名 称	目 标 内 容
知识目标	1. 能准确表述车辆结算的内容，叙述交车前的检查项目
	2. 能核对车辆维修工单
技能目标	1. 能准确表述交车服务流程与实施规范
	2. 能够实际完成车辆交付工作
情感目标	1. 培养学生爱岗敬业的职业道德
	2. 培养学生良好的服务意识

建议学时：12 课时。

 任务描述

客户王先生到雪佛兰4S店做了10 000km的常规维护，在维护过程中修理了底盘异响的故障，同时进行了四轮定位和动平衡，增添了一个行车记录仪。现维护工作已经结束，请通知王先生，并为其办理交车相关手续。

 知识准备

交车环节是售后服务接待工作中的关键环节，在此过程中，企业通过对客户车辆进行相关的结算，获得了利润的。在交车环节中，标准规范的交付流程、准确明晰的结算单据、物超所值的附加服务、贴心友善的用车提醒是企业提高客户满意度、提升客户忠诚度的重要途径。力求做到尊重客户的知情权，消除客户的疑虑，实现客户的明白消费，让客户满意而归是企业提升客户忠诚度的重要手段。

一、交车的目的

交车环节是提高客户满意度的一个关键环节。规范、贴心地提高服务的透明度，全程高质量

地提供完整的服务，避免各类纠纷，增强客户对4S店的信心，为客户下次来店打下基础。

交车对于客户来说，同样也是非常重要的时刻，是在整个过程中体现消费价值的部分，因此一定要设法使客户留下深刻印象。

交车需要一定的时间，否则达不到预期的效果，在交车前要和客户确认交车时间。

二、交车服务流程及实施规范

1. 交车服务流程

交车服务流程见表6-1

表6-1　交车服务流程

流　　程	工　作　要　点	人　员	工　具
预约交车时间	确认车辆 与客户约定时间	维修技师 服务顾问	维修工单 内部交车单
交车前车辆检查	路试 文件的检查 车辆检查	质检员 服务顾问	PDI检查表
交车	说明车辆维修情况、各项操作功能和仪表功能 说明使用手册并告知三包的范围及须知 点交所有证件并费用清单 请客户在交车确认单上签字	服务顾问	车主手册 交车确认表 费用清单
车辆结算	引导客户到结算区 对结算单的内容进行详细讲解 协助客户进行结算 交还客户车钥匙及所有资料 询问是否还需要帮助	服务顾问 售后人员	结算单 客户满意度调查表
送别客户	与客户道别 保安人员至路口指挥交通，协助客户离去 目送客户驾车离去，双手道别	服务顾问 保安人员 其他相关人员	

2. 交车前的准备工作

（1）准备交车　维修部门通知服务顾问准备交车，交车准备包括以下工作内容：

1）将车钥匙、维修委托书、接车登记表等移交车间主管，并通知服务顾问车辆已修完。

2）告知服务顾问停车位置。

工作要求：确认移交物品、单据是否齐全，并现场确认停车位置。

（2）内部交车　服务顾问进行内部交车，包括以下工作内容：

1）检查维修委托书，确保客户委托的所有维修维护项目的书面记录都已完成，并有质检员签字。

2）实车核对维修委托书，确保客户委托的所有维修维护项目在车辆上都已完成。

3）确认故障已消除，必要时试车。

4）确认车辆内外清洁度（包括无灰尘、油污、油脂），如图 6-1 所示；检查各液面液位，如图 6-2 所示。

5）确认从车辆上更换下来的旧件放入旧件展示柜以便客户确认，如图 6-3 和图 6-4 所示。

图 6-1　确认车辆内外清洁度

图 6-2　检查各液面液位

图 6-3　再次对旧件进行核对

图 6-4　将旧件放入旧件展示柜

6）检查有无抹布、工具、螺母、螺栓等遗留。

7）填写内部交车确认单（表 6-2），服务顾问与质检员同时签字，以对车辆状况进行确认。

工作要求：按维修委托书内容仔细检查，认真填写内部交车确认单，确保项目无遗漏。

（3）其他准备工作

1）熟悉客户及车辆信息。

2）熟悉本次维修维护项目的实施过程，并明确本次保修质保期限及下次维护时间和里程。

3）了解车况，准备好车辆使用维护提醒事项。

4）准备好维修委托书、结算单、车钥匙及行驶证等材料。

5）检查定期维护手册是否规范填写。

6）明确在接待过程中是否为客户做出服务承诺。

（4）通知客户接车　服务顾问在做好以上工作后，便可以通知客户接车，包括以下工作内容：

1）做好相应交车准备。车间交出竣工验收车辆后，服务顾问要对车辆进行最后一次清理：清理车厢内部，查看外观是否正常，清点随车工作和物品并放入车内。结算员应将该车全部单据汇总核算，此前要通知、收缴车间与配件部有关单据。检查完成后，立即与客户取得联系，告知车已修好。

表 6-2　维护/故障质检与内部交车确认单

| 属性 | 车牌号码 | | 维修合同号 | | | 作业属性 | | □维护维修
□故障维修 | 终检结果 |

灯光检查

■ 车辆外部车灯

前部灯光检查 □	后部灯光检查 □
行李舱灯光	门控灯 □

行李箱灯
（有仓门式后背的轿车）
行李舱灯(轿车)
高位制动灯(轿车)
前照灯(近光灯)
前雾灯

后雾灯　礼貌灯
驻车灯　倒车灯　制动灯/尾灯
侧转向信号灯　牌照灯
前转向信号灯　高位制动灯　后转向信号灯
前照灯(远光灯)（有仓门式后背的轿车）

发动机舱检查

■ 管路、管接头检查　■ 各油液检查

散热器进、出水管和接头安装、磨损、漏油检查 □	机油液位 □
	机油油质 □
	汽油发动机
炭罐连接管路安装、磨损和老化检查 □	
燃油系统管路安装、磨损和漏油检查 □	Full OK Low
ABS检查 □	ATF液位 □
制动管路和接头安装、磨损、漏油检查 □	ATF油质 □

制动管

■ 蓄电池

	蓄电池固定状态 □
	端子腐蚀、松动 □
	蓄电池测试 □
真空助力器检查 □	维护电解液相对密度值：
助力管路、接头检查 □	免维护蓄电池电压值：

动力转向泵
回流软管
压力管
蓄电池

发动机舱检查

■ 节气门检查

节气门安装状态 □	
节气门清洁 □	

节气门

■ 传动带检查

驱动带安装状态 □	
驱动带磨损老化状态 □	

传动带

■ 火花塞检查

火花塞电极磨损、变圆
点火线圈
火花塞

制动系统检查

制动管路磨损、凹痕、扭曲、开裂和漏油 □	
制动盘、制动片厚度 □	

制动软管
制动片　制动钳　制动盘

制动片等于厚度

左前轮	mm
右前轮	mm
左后轮	mm
右后轮	mm

转向操作检查

方向盘检查 □	
转向柱间隙检查 □	

车轮检查

■ 轮胎/螺栓(含备胎)

裂纹、损伤、异常 □	
异常磨损、胎纹深度 □	
气压检查及调整 □	
螺栓螺母紧固 □	
四轮换位 □	

胎纹深度及胎压

左前轮	mm；	kgf/cm²
右前轮	mm；	kgf/cm²
左后轮	mm；	kgf/cm²
右后轮	mm；	kgf/cm²
备 胎	mm；	kgf/cm²

底盘检查

底盘螺栓是否损伤、松动 □	
底盘是否腐蚀、生锈、穿孔排气管、消声器和吊耳是否损坏 □	
前后悬架转向节、减振器、螺旋弹簧、稳定杆、下臂和桥梁是否损坏，转向横拉杆是否摆动	
球头销是否有裂纹、漏油 □	
防尘罩是否有裂纹、漏油 □	
发动机、变速器、油底壳、转向器和油管是否漏油	

更换零件

更换零件	数量
机油	
机油滤清器	
空气滤清器	
空调滤清器	
制动片	
制动液	
燃油滤芯	
ATF	
手动变速器油	
助力转向油	
燃油泵总成	
驱动带	
火花塞	
冷却液	

存在问题：

解决方案：

表格中符号注解

良好：√	更换：R	修理：×
紧固：T	调整：A	清洁：C
无此项目：/		

追加检查及更换项目

维护提示

下次检查日期：年　月　日

属性			终检结论：
维护维修			
故障维修	1	零部件、总成及附件应装配齐全，并按照原厂的装配标准安装	
	2	操作系统操纵轻便、准确，连接部位无松动、异响，制动踏板和驻车制动自由行程应符合出厂标准	返修
	3	各润滑密封符合出厂标准，无漏油、漏水、漏电现象	
	4	发动机起动正常，各种转速正常，无异响	合格
	5	仪表、灯光、信号、标志齐全，工作正常，无故障码，轮胎气压（包括备胎）符合出厂标准	

（续）

内部交车	1. 核对单据是否齐全、签字是否合格，确认车钥匙已接收		异常情况说明：	
	2. 是否在约定的时间交车			
	3. 检查维修合同上所有作业项目，包括增加项目是否已作业完毕，故障是否完全排除，性能是否良好			
	4. 检查车内设施是否有额外损伤情况，如仪表板、座椅、内饰板等			
	5. 检查车内是否遗留有不必要的物品，如工具、无关的零部件、抹布		质量总检按项目检查合格划√异常划×	签名：
	6. 仪表警告灯显示正常，时钟、音响、座椅回复成初始状态，内、外部后视镜调整到适当范围			
	7. 检查机油油位、冷却液液位、车灯、喇叭是否正常，确认发动机舱盖锁紧			
	8. 检查旧件是否按照约定方式处理，如客户要求带走的是否已经包装好并置于行李舱内		服务顾问确认内部交车完毕，符合交车条件	签名：
	9. 检查在维修时从车上移下来的物品是否均已放回车上			
	10. 检查车辆内饰、外观是否清洗干净，外观是否有新的损伤			

2）通知客户接车。准备工作完成之后，提前一小时（工期在两天之内）或提前四小时（工期在两天以上，包括两天）通知客户准时来接车；如不能按期交车，也要按上述时间或更早的时间通知客户，说明延误原因，争取客户谅解，并道歉。

3）与客户约定准确的交车时间，并提醒客户一定要带上取车凭证。

4）大修车、事故车等不要在高峰时间交车。

5）确认与客户的交车时间、方式及付款事项。

工作要求：通知前，要认真做好交车准备；运用正确的电话接待礼仪，向客户致歉。

3. 车辆验收

（1）对取车客户的接待　客户接到通知前来取车，服务顾问要做好接待工作，工作内容如下：

1）主动迎候取车的客户，并进行热情的接待，奉上茶水。

2）礼貌地征询客户是否带有维修工单，提醒客户要凭维修工单才能取车。

3）根据维修工单的描述，简要向客户介绍车辆维修情况，询问客户是否要先去验车。工作要求：整个接待过程要热情主动，礼貌待人，面带微笑。介绍维修过程要干练，不要拖拉。

（2）陪同客户验车　为了提升服务质量以及提高客户的满意度，必须陪同客户进行验车，工作内容如下：

1）服务顾问陪同客户查看车辆的维修维护情况，并依据维修委托书及接车登记表，实车向客户一一说明。

2）向客户展示更换下来的旧件，并确认旧件处理方式。

3）解释维修维护项目，向客户说明车辆使用维护常识。

4）提醒客户本次质保时间，以及下次维护的时间和里程。

5）说明备胎、随车工具已检查，并说明检查结果。

6）向客户说明、展示车辆内外已清洁干净，同时邀请客户做环车检查。

7）告知客户三日内将对客户进行服务质量跟踪电话回访，确认回访时间、方式，预约下次维护时间并做好记录。

8）当着客户的面取下三件套，放于回收装置中。

9）将座椅调节至客户常用位置，并取下定位贴。

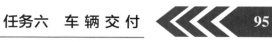

10）解释结算单。

11）客户验完车确认无误后，请客户在验车单上签字确认。对于有异议的客户，要详细记录问题，并与相关部门进行接洽，及时解决客户异议。

12）向客户推荐个性化服务。

13）将车钥匙、行驶证等物品交给车辆调度人员，做好车辆调出准备。

工作要求：整个结算交车过程，动作、用语要简练，不让客户觉得拖拉烦琐。清点、交车后，不可遗漏客户签名程序。

4. 车辆结算

（1）车辆结算的内容　车辆结算是指在车辆维修维护结束后，向客户收取维修服务费的相关结算凭证，包括事先估算以及事后结算两个方面。车辆结算单见表6-3。

表6-3　车辆结算单

| 结算日期： | | 结算方式： | | 单位：　　元 | |
| 发票号： | | 工作单号： | | 打印日期： | |

车牌号码：		客户姓名：		维修类别：	
车牌颜色：		地址：		进厂日期：	
车型：		联系电话：		预定交车日：	
行驶里程：		送修人：		接待人：	
车身颜色：		发动机号：		车架号：	

序号	维修项目	工种	工时	工时单价	金额
小计					

序号	配件名称	单位	数量	配件单价	金额
小计					

工时费：		材料费：		外加工费：	
材料管理费：		其他费用（税金）：			
预交金额：		应收金额：		实收金额：		挂账金额：

| 结算员： | | 收银员： | |
| 收银日期： | | 客户签名： | |

备注	1. 维修质量保证期不得低于《机动车维修管理规定》中的规定 2. 本结算清单一式两份，分别由车主、承修厂家留存

1）零配件应按企业的正常销售价格报价，如属特殊订货的配件，可以在进价基础上适当加管理费后报价。

2）客户自备配件时，应向客户解释正厂件与副厂件的质量差异和价格差异，使其理解本店配件价格偏高的原因。

3）工时估价应按行业主管部门批准的不同车型、不同维修项目的统一工时定额和单位工时费标准报价。

4）常规维修项目可直接报价，对于个别容易引起误解的收费标准，应向客户进行必要的解释。

5）计算应向客户实际收取的更换零配件费、工时费、进厂检测费、外加工费及其他费用。

（2）车辆结算相关财务知识

1）付款方式及使用规定。在车辆售后服务过程中，现金支付无疑是最便捷的方式，但是考虑到现实业务往来中存在着客户携带现金不安全和不方便的情况，目前在售后服务行业中常见的付款方式有以下几种：

① 支票结算。支票是出票人签发的，委托办理支票存款业务的银行或者其他金融机构在见票时无条件支付确定的金额给收款人或持票人的票据。支票是我国使用最普遍的非现金支付工具，单位和个人均可按照规定签发使用支票。

使用规定：支票一律记名；支票的有效期限为10天；支票的金额起点为100元。

② 本票结算。本票是出票人签发的，承诺在自己见票时无条件支付确定的金额给收款人或者持票人的票据。目前，我国只允许银行签发本票。

使用规定：在指定城市的同城范围内使用；银行本票的起点金额为100元，定额银行本票面额为1000元、5000元、10000元、50000元；付款期自出票日起最长不超过两个月（不分大月小月，到期日遇节假日顺延），逾期的银行本票，兑现银行不予受理，但可以在签发银行办理退款；一律记名，允许背书转让；银行本票见票即付，不予挂失。遗失不定额的银行本票，在付款期满一个月后确认未被冒领的，可以办理退款。

③ 汇票结算。汇票分为银行汇票和商业汇票。

a. 银行汇票是指由出票银行签发的，由其在见票时按照实际结算金额无条件付给收款人或者持票人的票据。

使用规定：银行汇票的金额起点为500元；银行汇票的付款期为一个月；汇款人持银行汇票向填明的收款人或背书人受理银行汇票后，在银行汇票背面加盖预留银行签印，连同解讫通知及进账单，送交开户银行办理转账；收款人需要兑付地支取现金的，汇款人在填写"现金"字样后加盖汇款金额；收款人如需分次取款项时，应以收款人的姓名开立临时存款账户办理支付，临时存款账户只付不收，付完清户，不计利息。

b. 商业汇票是指由出票人签发的，委托付款人在指定日期无条件支付确定的金额给收款人或者持票人的票据。

使用规定：商业汇票一律记名，允许背书转让；商业汇票的承兑期限由交易双方商定，但最长不超过六个月；使用商业汇票的单位必须是在银行开立账户的企业法人；商业汇票按购销约定签发；商业承兑汇票的收款人或被背书人，对在同一城市的付款人承兑的汇票，应于汇票到期日将汇票送到银行办理收款，对在异地的付款人承兑的汇票，应于汇票到期日前5天内，将汇票交开户银行办理收款。

④ 信用卡结算。信用卡是一种由银行或者信用卡公司签发，证实持卡人信誉良好，可以在指定的消费场所消费或在各地的金融机构取现，办理结算的信用凭证和支付工具。信用卡现已成为全世界普遍使用的支付方式。

使用规定：信用卡持卡人可以在法定的限额和期限内进行消费用途的透支，透支额度由银行根据个人情况给予，透支期限最长为60天。

2）发票。发票是指客户在购销商品、接受服务以及从事其他经营活动时，开具、收取的收付款项凭证。现行税制发票分为普通发票和增值税专用发票两大类。普通发票是企业内部记账和客户消费的凭证。增值税专用发票是为加强增值税的征收管理，根据增值税的特点而设计的，专供增值税一般纳税人销售货物或应税劳务使用的一种特殊发票。增值税专用发票只限于经税务机关认定的增值税一般纳税人领购使用。

3）折扣与折让。在企业的经营活动中，企业有时候需要采用折扣或折让的方式处理与客户的业务往来。

①折扣。折扣是销售方为获得更多的利益收入而主动采取的一种价格减免方式，属于企业促销手段的一种，分为现金折扣和商业折扣。现金折扣是企业为激励客户在规定期限内付款而向客户提供的金额扣除，在折扣期限内付款时，客户可减少支付部分货款。商业折扣是指企业为促进服务销售，鼓励客户经常来店消费，当客户累计消费达到一定的限额或一次性消费额满规定限额的时候，企业按照比例对消费额的减免。

②折让。折让即销售折让，是指企业因提供的服务存在重大缺陷导致客户抱怨而在收费时给予客户的费用减让。折让这种价格让步是企业的一种被动让步，一般客户占据主动权，让步的程度由双方根据实际情况进行协商确定。当协商无果时，往往会导致客户投诉。

（3）车辆结算流程　车辆结算包括以下工作内容：

1）在客户验完车后，为客户锁好车，带领客户到结算区域办理相关手续。

2）服务顾问陪同自费客户到收银台结账。客户来到收银台时，结算员应立即起立，并主动礼貌地向客户打招呼，示意台前座位落座，以示尊重，如图6-5所示。

3）收银员复核费用，依车辆维修结算单，向客户解释收费情况，并打印费用清单，如图6-6所示。

图6-5　服务顾问陪同客户到收银台结账

图6-6　主动向客户展示收费明细

4）请客户再次核对结算清单并签字确认，如图6-7所示。当客户同意办理结算手续时，应迅速办理；当客户要求打折或有其他要求时，结算员可引导客户找业务主管处理。

5）付款结账时，如客户是刷卡支付，应向后退一步，以便客户输入相关密码；如客户是现金付款，应当着客户的面清点现金，如图 6-8 所示。客户付完款后，收银员在工单上作"付讫"标记，将所有的票据用信封装好，同时开具出门条，将信封及出门条双手呈交给客户，并提醒客户点清款项和妥善保管发票，如图 6-9 所示。

6）结账结束后，收银员向客户表示感谢，礼貌送别客户，并祝客户平安、用车愉快，如图 6-10 所示。

图 6-7　客户确认签字

图 6-8　当着客户的面清点现金

图 6-9　为客户装好所有的票据

图 6-10　礼貌送别客户

工作要求：在结算时，呈交给客户的结算单要向客户说明清楚，特别是有优惠的维修项目，一定要向客户交代清楚。收取现金时一定要当面清点，并提醒客户核对找回的零钱。结算员的礼仪与礼貌同等重要。

（4）向客户说明有关注意事项

1）根据维修委托书上的"建议维修项目"向客户说明这些工作是被推荐的，同时向客户说明利弊关系，并记录在车辆维修结算单上。特别是有关安全的建议维修项目，要向客户说明必须维修的原因及不修复可能带来的严重后果，若客户不同意修复，要请客户注明并签字。

2）对维护手册上的记录进行说明（如果有）。

3）对于首保客户，说明首次维护是免费的维护项目，并简要介绍质量担保规定和定期维护的重要性。

4）将下次维护的时间和里程记录在车辆维修结算单上，并提醒客户留意。

5）告知客户会在下次维护到期前提醒、预约客户来店维护。

6）与客户确认方便接听服务质量跟踪电话的时间并记录在车辆维修结算单上。

工作要求：向客户建议维修项目时，态度不能强硬，要清楚说明建议维修的原因，以及不维修会导致的后果，让客户自己做决定。

（5）向客户进行满意度调查　向客户进行满意度调查可以帮助客户实现成本最小化，提升客户重复购买率和企业盈利能力，还可以挖掘出影响客户满意度的关键因素，并有针对性地对改善企业服务质量。通常采用让客户填写满意度调查问卷（表6-4）的方式进行满意度调查。

表6-4　客户满意度调查问卷

尊敬的女士/先生，您好！

为了更好地服务于汽车行业的发展，提高汽车销售、售后服务的质量，现在正在进行一项关于汽车4S店客户满意度的调查研究，可能会耽误您两分钟的时间，简单地回答几个问题。

愿您能帮助我们，让我们了解更多汽车4S店方面的信息。谢谢您的配合！

（请在下面的"□"内打勾）

您的性别：男□　　　女□

您的年龄：25岁以下□　25～35岁□　36～45岁□　45岁以上□

您的月收入：1000元以下□　1000～3000元□　3001～5000元□　5000元以上□

您所在单位或从事的行业：文化业□　制造业□　咨询业□　金融业□　服务业□　商业□　机关□　教育□
其他_____

1. 当您来店时，您对本店接待人员的仪表仪容感觉如何。
□较差　　　　　□一般　　　　　□满意　　　　　□非常满意

2. 当您来店时，销售顾问能在第一时间热情接待您。
□较差　　　　　□一般　　　　　□满意　　　　　□非常满意

3. 销售顾问能随身携带名片，在您进店时，能进行简短的自我介绍，并请教您的称呼。
□较差　　　　　□一般　　　　　□满意　　　　　□非常满意

4. 销售顾问在给您介绍产品时，能详细地为您讲解各种车型的配备、性能和技术参数。
□较差　　　　　□一般　　　　　□满意　　　　　□非常满意

5. 在您遇到疑问时，销售顾问能及时、主动趋前询问。
□较差　　　　　□一般　　　　　□满意　　　　　□非常满意

6. 销售人员请您坐下洽谈时，能第一时间为您奉上可供选择的免费饮料。
□较差　　　　　□一般　　　　　□满意　　　　　□非常满意

7. 当您想了解某种信息时，销售顾问能为您提供整套的产品资料。
□较差　　　　　□一般　　　　　□满意　　　　　□非常满意

8. 在您离开展厅时，销售人员能主动送您到展厅门外。
□较差　　　　　□一般　　　　　□满意　　　　　□非常满意

9. 在您给店里打来电话时，能听到销售人员通报特约店名称及自己的姓名。
□较差　　　　　□一般　　　　　□满意　　　　　□非常满意

10. 在您不清楚路线的情况下，销售人员能给予您明确的指引，并在电话结束时感谢您的来电。
□较差　　　　　□一般　　　　　□满意　　　　　□非常满意

11. 在您签约成交时，销售人员为您解释过各项费用，使您能清楚了解所交付的费用。
□较差　　　　　□一般　　　　　□满意　　　　　□非常满意

12. 您是否会向朋友或他人推荐我们的服务？
□一定会　　　　□大概会　　　　□看情况　　　　□不会

13. 您是否愿意继续由我店提供售后服务？
□是　　　　□否

再次感谢您的配合！

5. 礼送客户

（1）将资料交还客户

1）车辆调度员将车开到业务大厅门口，将车钥匙、行驶证、维护手册等相关物品交还给客户。

2）将能够随时与服务顾问取得联系的方式（电话号码等）告诉客户。

3）询问回访客户的恰当时间，在征得客户的同意后才能回访客户。

4）询问客户是否还有其他要求。

5）礼送客户，欢迎客户再次光临，如图6-11所示。

图6-11　礼送客户

（2）送客户离开

1）与客户道别，并对客户的惠顾表示感谢，目送客户离开，直至看不到客户，方可转身离去。

2）将客户车辆维修资料输入计算机，完善客户档案，并存档。

三、交车环节部分话术指导

1. 电话邀约话术

××先生/女士，您好！您的爱车现已维修/维护完毕，您看是周一早晨8：30还是周二早晨8：30来提车？（封闭式）提车时请您带好取车凭证；另外，交款方式有两种：现金和刷卡，刷卡第一张卡免费，其余每张卡收费50元。您的大概交车时间为30分钟，主要分三部分：首先是验收车辆，其次是车辆结算，最后是交接资料。您的车已质检合格，请您放心，您看这样安排可以吗？

2. 现场交车话术

××先生/女士，您好！您的车辆已经维修/维护完毕，我将用30分钟的时间来为您交车，内容主要分三部分：首先是验收车辆，其次是车辆结算，最后是交接资料。您看这样安排可以吗？

3. 验收车辆

注意：应带上验车表和说明书、毛巾。

（1）外表　××先生/女士，您的爱车我们已为您清洁干净，同时已加装好需加装的精品，请您验收。

（2）发动机舱　××先生/女士，经过我们的维修/维护之后，您爱车的"五油三液"（机油、汽油、变速器油、制动油、转向助力油、冷却液、玻璃清洗液、蓄电池电解液）都是正常的，请您放心使用。

备注：可适当提醒客户制动液、冷却液、玻璃清洗液液面处于 MAX 与 MIN 之间时为正常状态。××先生/女士，建议您加玻璃清洗液时一定要用专用防冻玻璃清洗液，切勿使用清水，否则会产生堵塞现象，影响刮水器胶条的寿命，还容易刮花前风窗玻璃。

（3）行李舱　××先生/女士，您爱车行李舱内的随车工具、三角警示牌、备胎都是齐全的，同时我们对您的备胎胎压进行了检测，请您放心使用。车内带有备胎使用光盘，请您务必看一下。如果您有需要，我们可以给您演示一下怎样更换轮胎，在整个演示的过程当中有任何问题您都可以提出来。

（4）验车完毕　××先生/女士，您还有什么疑问吗？如没有，请在工单上签字确认。谢谢！

请您稍等一下，我为您取下防护用品。

××先生/女士，请带好您的贵重物品，我带您去办理结算手续。

4. 车辆结算

××先生/女士，您的付款方式是现金还是刷卡呢？

××先生/女士，我已经将您的明细、发票和出门条放在信封里，还有您的银行卡，请您收好！

5. 交接资料

这些是您的维修/维护明细、发票、出门条，还有您的行驶证、维护手册和车钥匙，请您确认。

您下一次应做××km的维护，当车辆行驶到××km或半年以后，以先到为准，进行下一次的维护，您看可以吗？

另外，我还为您做了维护的时间卡，上面有我们公司24小时救援电话以及公司服务热线，您如果有什么需要可随时拨打，您看可以吗？

非常感谢您这次选择本店进行维修/维护，您对本次工作还满意吗？

期待您的下次光临，祝您用车愉快，再见！

一、实训目的

1. 熟练掌握交车的流程。
2. 提高服务顾问接待的规范性。
3. 提高实际操作能力和处事应变能力。

二、实训要求

1. 指导教师对全班学生进行分组，每6~8人为一组，自行扮演角色，演示后交换。

2. 设定情景，内容包括车辆移交、通知客户、迎接客户、车辆检查、车辆结算、欢送客户等环节，另外还包括问候、站位、手势、微笑、请客户入座、目光关注、车辆信息核对、文明用语。

3. 表演模拟，各位学生自我介绍扮演的角色。

4. 每组依次上台进行实训操作，每组的学生代表点评，教师进行总结归纳。

三、实训步骤

第一步（学习准备）：教师引导学生解析学习目标，分析学习任务。引导学生进行任务实施前的学习，完成实训内容的任务准备。

第二步（制订计划）：教师引导学生根据已明确的学习任务，制订完成任务的计划。教师应引导学生培养团队协作、沟通聆听的意识。

学习计划应包含任务陈述、团队成员、学习资源（包含网络、教材资料）和具体安排。

第三步（任务实施）：以小组为单位展示学习成果。

展示内容应包含：学习计划，学习小组成员就客户的情况对车辆结算的内容进行描述，并根据4S店实际工作场景按标准交车流程与实施规范进行现场交车。

四、实训内容

根据任务描述的情境，请你为王先生交车，同时讨论并完成如下任务准备。

1. 完成本工作任务，需要进行哪些方面的准备？

1) _____

2) _____

3) _____

4) _____

2. 交车过程中，对服务顾问有哪些职责要求？

1) _____

2) _____

3) _____

4) _____

3. 交车的流程包括哪些内容？

1) _____

2) _____

3) _____

4) _____

4. 引导客户到收银台结账，需要做哪些方面的工作？

1) _____

2) _____

3) _____

5. 交车结束后，应该怎么送别客户？

1) _____

2) _____

3) _____

评价反馈

根据交车服务流程及实施规范完成整个任务，教师注意引导学生填写评价表（表6-5）。

表6-5　学习任务完成质量评价表

考核内容	考核要求	配分	得　分	
			自评	互评
学习计划	学习计划的全面性、可操作性	10		
展示完整性	在规定时间内完成整个交车流程	10		
展示标准度	按照标准交车流程与实施规范进行	30		
商务礼仪	与客户交流过程中，使用标准商务礼仪	10		
异议处理	正确处理客户异议	20		
亲和力	与客户交流过程中具有亲和力	20		
合计	—	100		
操作时间	开始时间：　　结束时间：　　实际用时：			

在完成本项目学习任务后，通过小组会的形式进行总结和思考，由教师指导学生填写学习过程评价反馈表（表6-6）。

表 6-6　学习过程评价反馈表

序号	评 价 内 容	分值	自评分	他人评分	实际得分
1	微笑服务，礼貌服务，全程与客户互动交流	10			
2	内部交车的完整性与准确性	10			
3	与客户进行交车的完整性与准确性	20			
4	对结算单的讲解是否清晰到位	20			
5	对客户的异议是否做到正确处理及回应	20			
6	相关表单的使用是否准确无误	10			
7	是否礼貌欢送客户	10			

注：实际得分＝（自评分＋他人评分）/2。

一、背书转让

背书转让是财经会计学用语是指以转让票据权利为目的的背书行为。票据法规定，持票人将票据权利转让给他人，应当背书并交付票据。所以，当持票人为了转让票据权利而在票据背面或者粘单上记载有关事项并签章时，就是在进行背书转让。背书转让一经成立，即产生法律效力，包括票据权利移转的效力、票据权利的证明效力和票据责任的担保效力等背书效力。

通常在票据的背面都事先印制好若干背书栏的位置，载明表示将票据权利转让给被背书人的文句，并留出背书人及被背书人的空白，供背书人进行背书时填写。票据法一般并不限制进行背书的次数，在背书栏或票据背面写满时，可以在票据上粘贴"粘单"进行背书。

背书应当由背书人签章并记载背书日期。如果未记载背书日期，视为在汇票到期日前背书，背书还必须记载被背书人名称。

1. 法律效力

1）背书转让无须经票据债务人同意。在票据背书转让时，行为人无须向票据债务人发出通知或经其承诺。只要持票人完成背书行为，就构成有效的票据权利转让。

2）背书转让的转让人不退出票据关系。背书转让后，转让人并不退出票据关系，而是由先前的票据权利人转变为票据义务人，并承担担保承兑和担保付款的责任。

3）背书转让具有更强的转让效力。通过背书的方式转让票据权利，能够使受让人得到更充分的保护。票据法设计了一系列特别的制度来保障票据受让人的权利：首先，受让人只需以背书连续的票据，就可以证明自己的合法权利人身份，而无须提供其他证明；其次，受让人可以对票据债务人主张前收兑人抗辩的切断，从而使其享有的票据权利不受票据债务人与前手背书人之间抗辩事由的影响；再次，受让人可以主张善意取得。

2. 转让限制

1）出票人在汇票上记载"不得转让"字样的，其后手在背书转让的，原背书人对后手的被背书人不承担保证责任。

2）汇票须完整转让，将汇票金额的一部分转让的背书，或将汇票金额分别转让给 2 人以上的背书无效。

3）背书不得附有条件，票据法规定，背书附有条件的，所附条件不具有汇票上的效力。

4）背书记载"委托收款"字样的，被背书人有权代背书人行使被委托的汇票权利。

5）汇票被拒绝承兑、被拒绝付款或超过付款提示期限的，不得背书转让；背书转让的，背书人应当承担汇票责任。

二、客户异议处理话术指导

1. 轮胎

客户疑虑：我的轮胎没有坏，还能使用，需要更换吗？

服务顾问可以从以下几个方面向客户做出解释：

（1）轮胎磨损较快的原因　汽车起步过急、制动过猛、转弯速度过快、行驶速度过高、路况较差等都会加剧轮胎磨损。

（2）何时必须更换轮胎　当轮胎花纹磨损到规定极限（花纹深度为 1.6mm 或安全线）时必须更换。

（3）及时更换轮胎的原因　轮胎磨损到使用极限时，与地面的附着力下降、摩擦力变小，会出现驱动打滑现象，特别影响制动效果，并且高速行驶时极易爆胎，在冰雪路面行驶时会出现制动跑偏现象，所有这些都严重威胁着行车安全。更换新胎后可以避免上述情况发生，提高驾驶的安全性和舒适性。

（4）使用原装轮胎的原因　轮胎是车辆唯一与地面直接接触的备件，对行车安全起到至关重要的作用。原装轮胎抗磨损、抗老化能力较强，胎噪很低，质量有保证。现在外面翻新轮胎很多，从外观上难以分辨，表面上看价格低一些，但劣质胎使用里程短，故实际价格并不便宜，而且在高温、高速情况下容易爆胎，是行车安全的一大隐患。

（5）轮胎的使用注意事项　轮胎气压不能太高或太低，否则容易加快轮胎磨损并有爆胎的危险；由于制动过程中前、后轮胎受力不同，应定期互换前、后轮胎的位置；注意同车不要装异种轮胎，以免影响汽车的操纵性；新轮胎磨合期间尽量避免满载行驶；行驶时应躲避锋利的石头、玻璃、金属等可能扎破和划伤轮胎的物体，躲避化学遗洒物质对轮胎的黏附、腐蚀；行驶在拱度较大的路面时，要尽量居中行驶，减少一侧轮胎负荷增大而使轮胎磨损不均的情况；一般情况下，超载 20% 则轮胎寿命减少 30%，超载 40% 则轮胎寿命减少 50%；急速转弯、紧急制动、高速起步以及急加速等都加速轮胎磨损。

2. 原厂玻璃清洗液

客户疑虑：玻璃清洗液花几块钱随便买一瓶就行了，或者用水代替也可以。

服务顾问可以从以下几个方面向客户推荐原厂玻璃清洗液：

1）原厂玻璃清洗液可以防冻，还可以保护喷水壶不会由于温度太低而裂开。

2）原厂玻璃清洗液清洗效果特别好，视线清楚有利于保证行车安全。

3）原厂玻璃清洗液无腐蚀性，其残液不会腐蚀车身、玻璃以及车身饰件。

4）原厂玻璃清洗液还有润滑作用，防止刮水器和前风窗玻璃之间的异常磨损，保护刮水器（延长刮水器使用寿命）和玻璃，实际上大大节省了维修费用。

5）原厂玻璃清洗液可以根据气温的高低调整浓度，比例是 1:1 或者 1:2。

6）替代品可能在冬季结冰或损坏刮水器，而且杂质多，易堵塞喷水管路，残液有腐作用。

3. 四轮定位

客户疑虑：四轮定位该不该做？普通的修理厂不是也可以做吗？

服务顾问可以从以下几个方面向客户解释说明：

（1）做四轮定位的原因　车辆行驶中会经过各种不同的路况（前轮受外力冲击、不平的路面高速行驶、轮胎气压超标高速行驶、经常原地打死方向等），长时间会导致轮胎的定位数据失准，从而造成轮胎磨损过快、车辆跑偏、方向发沉、油耗增加等现象，四轮定位可以提高驾驶舒适性。

（2）在 4S 店做四轮定位的原因

1）4S 店采用汽车生产厂家认可的最先进的四轮定位系统，包含各种车型的原厂定位数据，具有最精确的测量精度，如可对轮距、对角线、转向角、四个车轮是否位于同一平面等数据进毫米级的测量。非 4S 店是不掌握这些定位参数的，并且低价劣质定位仪在使用几个月后就会产生测量误差。

2）4S 店的维修技师都是经过汽车生产厂家的严格培训后持证上岗的，对每种车型的结构和工作原理相当熟悉。

3）对于某些车型的特殊情况，做完四轮定位还要用 VAS5051/VAS5052 对电控助力转向系统进行基本设定，保证车辆底盘的综合性能达到生产厂家的出厂标准，彻底消除车辆安全隐患，保证车辆工作在最佳状态。

4. 正时带

客户疑虑：维护手册要求 60 000km 或 80 000km 换正时带，一定要换吗？为什么同时还要换张紧器？

服务顾问可以从以下几个方面向客户解释说明：

（1）更换正时带的原因　车辆行驶至 6 万（8 万）km 时，正时带会发生疲劳磨损、龟裂或变形，轻者将造成传动带跳齿、正时错位现象；重者会引起正时带断裂甚至活塞和气门直接碰撞，造成气门打弯或活塞打穿，维修费用高昂，而且发动机突然熄火，转向和制动系统突然变硬，会危及驾驶安全。

（2）同时更换张紧器的原因　张紧系统的作用是对正时带的张紧度进行调节和校正，更换正时带的同时更换张紧器才能满足新正时带所需的张紧力，如张紧器超过使用寿命，同样会造成正时带磨损或断裂。

（3）更换原厂正时带的原因　副厂正时带韧度差、硬度不够、不抗磨、寿命短，使用中容易发生跳齿甚至断裂，轻则出现怠速不稳、加速不良等现象，重则造成严重经济损失甚至危及生命安全。4S 店的原厂备件享受一年或 10 万 km 的质量担保，质量、安全有保障。

5. 喷漆时间长

客户疑虑：4S 店的喷漆时间长，外面小厂喷漆用不了这么长时间。

服务顾问可以从以下几个方面向客户做出解释：

（1）针对作业内容的说明　喷漆慢，主要是因为喷漆的工序较多，4S 店喷漆有很多工序（需要的话可以给客户看工序板，并进行讲解）；另外，烤漆是有工艺要求的，每道工序都需要时间来完成，并且有的工序要等到上一遍油漆干透后才可以做。为了对客户负责，同时为了保证修理质量，4S 店每一项工序都严格执行，这样就导致时间相对长一些。

（2）补充说明　请您放心，我们会在保证喷漆质量的前提下尽量缩短您的车辆在厂停留时间。另外，我们建议您下次来店时能够提前预约，这样我们可以提前安排，为您节省时间。

6. 维修时间长

客户疑虑：在 4S 店做维修维护时间太长了，没有外面修理厂节省时间。

服务顾问可以从以下几个方面向客户做出解释：

1）4S 店做维护与外面修理厂简单的换油完全不一样，除正常换件外还包括几十项检测，时间虽然长些，但可以提前发现和解决隐患，节约了未来的维修时间和费用。

2）4S 店有专业的维修技师，使用专业的检测设备，按照厂家要求的操作规程精工细作，时间自然会长些。

3）为保证维修质量，4S 店严格执行"三检制度"（自检、互检、质检）。

4）完工后免费清洗车辆。

5）如果由于客户太多，增加了客户的等待时间，请客户下次提前预约。

任务七 跟踪服务

汽车行业有一句话："第一辆车是销售人员卖出去的，第二、第三辆车是售后服务人员卖出去的。"在每次消费之后，客户的满意程度各不相同，客户提车并不意味着交易成功、销售结束。成功的销售人员把成交之后继续与客户维系视为销售的关键，真正的销售始于售后。良好的售后跟踪服务和对客户投诉的及时处理会使新客户变成老客户。

汽车作为消费者高度介入的耐用消费品，一旦过早地出现故障、维修困难、后期费用过高等现象，引发消费者不满，又无法退换，会给消费者造成极大的损失。此时，尽管销售人员没有权力实施退换，但通过成交后的跟踪服务，可以减少或打消消费者的后悔，维护品牌和销售人员的信誉，为扩大客户群打下良好的基础。

客户的车辆在完成维修维护之后，应该及时对客户的信息进行整理，并及时进行跟踪回访，以此来提高客户的满意度和忠诚度，努力与客户成为朋友，以便开展未来的客户管理工作。

本任务要求在完成车辆维修维护后，能对客户信息进行管理，并掌握售后跟踪回访服务流程与实施规范，妥善处理客户的抱怨，与客户保持良性沟通。

学习目标

目标名称	目标内容
知识目标	1. 了解汽车售后跟踪服务的目的
	2. 能掌握售后跟踪回访服务流程与实施规范
	3. 能掌握售后跟踪服务的步骤及注意事项
技能目标	1. 能准确进行交车后的电话回访
	2. 能妥善处理跟踪回访中的客户抱怨
	3. 能准确对客户档案进行管理
情感目标	1. 培养学生敏锐的观察能力、分析问题和解决问题的能力
	2. 培养学生良好的服务意识

建议学时：6课时。

任务描述

客户王先生到雪佛兰4S店做了10 000km的常规维护，在维护过程中修理了底盘异响的故障，同时进行了四轮定位和动平衡，增添了一个行车记录仪。现维护工作已经结束，请你以该4S店服务顾问的身份，对客户王先生进行一系列的售后跟踪工作。

知识准备

现在无论是企业客户还是个人消费者，对所购买产品售后服务的可靠性、方便性和高效性都越来越关注，具备良好售后服务体系的企业更能赢得客户的信赖。

在高科技制造业中有效地对产品进行控制和跟踪具有重大意义，管理售后维修维护流程的能力至关重要，缺乏跟踪和控制有可能造成企业巨大的经济损失，同是还存在着产品质量和客户满意度方面的问题。若售后服务不到位，企业最终会丢失老客户，对新客户也不具备吸引力，这将对企业的未来产生巨大的负面影响。

为了改进客户关系，企业对售后流程的管理越发重视。良好的后续跟踪服务一方面能够掌握售后服务业务方面存在的不足，另一方面还可以更好地了解客户的期望和需求，接受客户和社会的监督，增强客户的信任度。售后跟踪服务是一项整体行为，高层管理人员应将其作为增强员工服务意识、改进工作作风、提高服务质量和水平的重要措施，要确保落实售后服务中所反映的问题的改进工作及事后改进的督促和检查，使其真正发挥跟踪服务的作用，促进服务和维修工作迈上新的台阶。

一、售后跟踪服务回访概述

服务是一种理念，更是一个品牌，服务可以创造价值和利润，众多汽车厂商着力推广自己的服务理念，甚至创造出了自己的服务品牌，如"大众关爱""严谨就是关爱""专业对车，诚意待人"等服务品牌已开始受到消费者的青睐。服务不仅是对车辆进行单纯的维护，更是确保再次销售的基础。

就目前的汽车经销商而言，整车销售的利润已不高，售后服务的利润在逐渐增加。消费者希望在使用车辆时能更放心和省心，良好的售后服务是提升客户满意度的有效措施。不管是销售人员还是服务人员，都要努力将已购车的客户再次吸引到经销商处，以通过优质的售后服务赢得忠实的客户。

汽车售后服务主要包括客户信息档案管理、技术咨询、维修维护、故障救援、保险理赔、保修、服务质量跟踪、信息反馈、服务质量投诉、纠纷处理。

1. 售后跟踪服务回访的意义

1）维系老客户，产生更多的潜在客户。

2）提升客户对特约店服务和产品的满意度，从而降低投诉率。

3）增加客户对特约店的信任度，使其愿意在固定的特约店进行车辆维修、维护。

2. 客户对售后跟踪服务的期望

客户期望购车之后，销售人员还能适当地与其保持联系，经销店还能提供持续的服务，使其能安心用车。针对客户的这种潜在的心理期望，销售人员要做好售后跟踪工作（图7-1）。

二、客户档案管理概述

对于汽车经销商来说，客户是非常重要的经营资源，可以利用客户档案进行有效的感情联络及促销活动，因此必须对客户档案予以高度重视，并加以精心管理。

1. 客户档案的定义

档案是人们在社会活动中形成的，加以保存以备查考的文件。客户档案就是汽车销售、维修企业在向客户销售汽车、实施维修服务的过程中建立的，以备日后查考的文件，它完整记录了客户车辆所有已完成的维护、维修项目，可以以纸质或电子文档方式

图 7-1　售后跟踪服务

进行保存。

2. 建立客户档案目的

1）建立本企业的客户关系，稳定基本的服务群体。

2）了解目标客户的基本需求及个性化需求，进一步发掘汽车维修服务的市场需求，努力提高企业的获利水平。

3）向客户提供有针对性的汽车维护、维修服务，提高客户的满意度与忠诚度。

3. 客户档案的形成

1）客户从本企业的特约经销店购买新车时留下的相关信息。

2）客户从其他经销店购买汽车，第一次来本企业接受维修服务时建立的档案。

3）从其他渠道获得的客户档案资料。

4）无论从什么渠道获得的客户档案，都需及时更新，对客户在与企业交往、交易过程中所表现出来的特质或典型事件进行记录，以便在以后的维修服务中使用。

4. 建立客户档案的优点

1）可以及时通知客户注意保修期限，从而既能赢得客户信赖，又能避免因缺乏及时维护而导致的车辆状况异常。

2）可以及时提醒客户进行定期维护，以避免客户因工作繁忙或其他原因疏忽了定期维护，同时可以给企业带来维修利润。

3）可以实现对车辆的正确维护。客户档案的指导意义既对客户有效，更对维修技师有效。

4）可以有效规范对客户抱怨及投诉的处理。

5）根据客户档案资料，研究客户的需求。

三、客户档案管理

1. 客户档案管理制度

1）贯彻执行交通运输管理部门及本企业发布的有关车辆售后档案管理的各项方针政策、规章制度。

2）建立健全、及时更新客户档案资料，规范管理。

3）车辆维修档案应认真填写，记载及时，完整准确，不得随意更改。

4）车辆维修档案应妥善保管，长期保存。

5）对车辆进行维护、总成修理、整车修理的，应建立车辆维修档案，车辆维修档案的主要内容包括维修合同、具体维修人员及质量检验人员、检验单、竣工出厂合格证及结算清单等。

2. 客户档案的建立

按照可以给企业带来的利润率，将客户划分为四类：重点客户、一般客户、维持型客户、无效客户。

重点客户可能人数不多，维修作业总量也不大，但却是企业利润的主要创造者。他们往往愿意接受高价位的维修作业，也愿意接受最新的维修项目，属于消费领袖级别的客户。

一般客户是最为庞大的一个客户群体，虽然人数众多，但给企业带来的利润却比较少。

维持型客户属于基本不给企业带来利润的客户，但从企业的经营角度来说，又不可缺少他们，否则总体的维修业务将大幅下降，企业显得人气不旺。

无效客户属于企业出于经营、社会关系等方面的需要，不得不照顾的客户群体。

3. 新客户建档

新客户是首次来店购车或者来店维修的客户。新客户的关系建立以后，销售人员或者维修接待人员应该请客户填写"一对一"顾问式客户服务卡（表7-1），同时建立客户服务档案（表7-2、

表 7-3），以便在以后的经营中更好地为客户提供服务。

表 7-1 "一对一"顾问式客户服务卡

客户姓名		销售商			
购车日期		型号		VIN 码	
交车时有关事项的确认（客户填写，有打√，无打×）	□已介绍汽车的基本使用方法，并当面做交车检查 □已介绍汽车走合期使用注意事项 □已介绍汽车定期维护的重要性及维护间隔里程（时间）		□已介绍驾驶注意事项 □已介绍汽车日常维护的重要性 □已告知客户服务热线的功能及使用方法 □已介绍质量担保政策		
顾问式客户服务模式（打√或×）	□有问题或需求就直接找服务顾问 □一位客户只由一名服务顾问负责，即"一对一"		□客户对服务顾问不满意时，可以重新选择服务顾问		
服务顾问主要工作介绍（打√或×）	□维护/维修服务接待 □定期维护提醒回访 □维护/维修咨询解答 □维护/维修预约受理 □重要事项通知回访 □服务活动提醒回访		□重要节日问候 □年审提醒 □车辆保险索赔指导 □车辆保险续保提醒 □抱怨受理 □其他服务		
"一对一"顾问式服务关系建立	服务顾问名片 （粘贴）		客户签名： 日期： 年 月 日 服务顾问签名： 日期： 年 月 日		

表 7-2 客户服务档案 A（客户信息）

服务顾问：　　　　　　　　　　　　　　　　　　　　　　　　　　建档日期：

车 辆 信 息		客 户 个 性 特 点				定 期 信 息			
购车日期		消费特点	大方	一般	谨慎	维护日期			
驾龄		对车辆爱护程度	珍爱	一般	随意	（预计6次）			
车型		汽车专业知识	熟悉	一般	不懂	保险期限			
类别		驾驶水平	高超	一般	较差	年审日期			
用途		维修服务期望	较低	一般	很高	典型事件			
常跑长途	是　否	沟通难度	容易	一般	高难	脱保原因			
个人信息		客户忠诚度（1~3年）							
工作单位		加入俱乐部							
职务职称		累计维修次数							
办公电话		累计维修金额							
家庭电话		推荐客户数量				公开赞誉			
手机		公开赞誉次数							
电子邮箱		累计积分							

（续）

个 人 信 息		客户忠诚度（1~3 年）		典 型 事 件	
家庭住址		客户级别		抱怨事件	
客户纪念日		不愉快事件（第 1~3 年）			
		脱保次数			
		客户责任次数			
		非客户责任次数		其他不愉快	
		当面争议次数			
		投诉到企业次数			
		投诉到外界次数			

表 7-3　客户服务档案 B（车辆维修）

客户姓名		性别		工作单位		
通信地址				邮政编码		
手机		家庭电话		办公电话		
车牌		经销商	购车日期	车型		颜色
变速器（AT/MT）		VIN 码	发动机号码	车匙号码		车辆用途（私/公）

车辆改装记录		严重事故记录	
总成基础拆检记录		总成基础更换	

序号	送修日	交车日	工单号	里程数	维修类别	维修项目	维修金额	维修接待	维修技师

4. 客户档案的使用

对于汽车公司来说，客户档案主要有以下用途：

1）车辆"保姆"。许多客户不知道如何才能保持汽车的良好状态，出现了问题也不知道该怎么样去解决，甚至可能忘记以前发生过的问题、故障、解决方法以及需要注意的事项。这就需要汽车维修企业借助完善的客户档案，给客户提出使用建议、维护计划、修理保障等一系列方案，充当车辆使用、维修方面"保姆"的角色。

2）保管与更新。客户档案编码及存放的原则应该是确保在需要时可以尽快查找得到。为此，建议由专人负责管理及更新，并且按照车牌号的顺序编排存放，在存放纸质档案的同时，应建立电子档案。

客户档案必须及时更新，客户个人信息变更，客户车辆进行了任何维护、修理作业，都要在客户档案中予以体现，这样才能发挥客户档案的作用。如果没有及时更新客户档案，有时可能会在与客户的联系中造成令人尴尬的状况，让客户感觉没有得到足够的重视或者企业管理不善，从而对企业失去信心。

3）短信提醒服务。可以在特殊的日子向客户提供提醒服务，既可以使客户规避风险，又可以及时获得客户来店维修的业务量。提醒服务包括如下内容：

① 定期维护提醒。

② 车辆年检、驾驶证审验提醒。

③ 保险续保提醒。汽车保险即使逾期一分钟，保险公司也不会对车主的损失进行赔偿，应提醒客户尽早续保，规避风险。

④ 客户生日、结婚纪念日等特殊日期的祝福。

⑤ 恶劣天气、特殊情况的驾驶提醒。如走合期勿高速行驶，雨天注意检查刮水器，雪天注意检查制动器，水中熄火切勿再起动，大风天气注意空中坠落物等。

⑥ 公司活动通告。如车主俱乐部、试乘试驾活动、自驾游活动、公司庆典优惠等，都可以提前告知客户。

⑦ 对维修服务满意度的跟踪调查。

四、售后跟踪服务中对服务顾问的要求

服务顾问作为企业形象与企业售后部门创收的窗口，要履行服务顾问的职责，应做到以下几点：

1）服务顾问须始终保持衣着整洁大方，仪表和仪容规范，表现出热情、积极和乐观的态度，做事干脆利落，工作讲究效果和方法，交往注重诚信。

2）在打电话或者接听电话时，要准备好纸和笔，随时做好记录，如图7-2所示。

3）服务顾问在整个售后跟踪工作过程中应职业性地使用礼貌用语。

4）服务顾问需具有良好的亲和力，以增加客户的信任感。

5）对待客户提出的问题要积极聆听，并尽量对其困惑进行解答，积极帮助其解决问题。

6）随时注意维护和协调客户与企业之间的利益关系，服务过程中做到不亢不卑、维护原则，既不能让客户反感，也不能一味地牺牲企业的利益。

7）上门回访客户一般在客户家中或者工作单位等场所，上门回访客户时，一般需要带上合适的礼品。

8）通过电话回访客户时，场所要安静，服务管理系统运行正常，电话通信设备良好。

9）在进行售后跟踪服务前，要对客户档案进行熟悉，并备齐所有的客户档案。以便随时找出客户的档案资料，了解客户情况如图7-3所示。

图7-2 服务顾问接电话

图7-3 随时找出客户的档案资料

10）服务顾问要掌握一定的维修常识，在特殊情况下，可以配备专业维修人员参与客户回访。

11）对于每一次跟踪服务电话，包括客户来电咨询或投诉，服务顾问都要做好电话记录，登

记入表，并将电话记录存于档案，将电话登记表归档保存。

12）每次发出的跟踪服务信函，包括通知、邀请函、答复函，都要登记入表，并归档保存。

13）在客户车辆送修进场手续办完后，或客户到公司访谈咨询业务完成后，服务顾问应在两日内建立相应的客户档案。

14）服务顾问在建立客户档案的同时，应研究客户的潜在需求，设计拟定"下一次"服务的针对性通话内容、通信时间。

五、售后跟踪回访工作流程及常用话术

汽车售后跟踪回访的时机可以分为六种：回访准备、交车后 2 小时内、交车后 3 日内、交车后 7 日内、定期回访和维护提醒。

售后跟踪回访的主要内容包括感谢客户购车、询问客户使用车辆的情况和服务的感受、询问客户有无疑问、及时处理客户的不满和投诉、提醒客户用车注意事项、询问上牌情况、首保/维护提醒和店内相关活动通知等。

1. 售后跟踪回访流程

售后跟踪回访流程如图 7-4 所示。

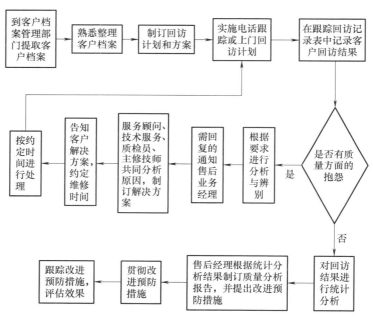

图 7-4　售后跟踪回访流程

2. 售后跟踪服务的关键环节及工作内容

售后跟踪服务的关键环节及工作内容见表 7-4。

表 7-4　售后跟踪服务的关键环节及工作内容

关键环节	工作内容
回访准备	1. 完成客户文件归档工作 2. 熟悉客户档案，并制订回访计划，售后经理检查确认 3. 通过邮寄或电子邮件方式向客户发送感谢卡和交车照片 4. 每次回访前要查看以往的记录

（续）

关键环节	工作内容
2 小时回访	1. 交车后 2 小时内致电或发送短信，再次感谢客户，确认其安全到达，询问车辆使用情况，提醒车辆使用注意事项 2. 告知客户如有疑问欢迎随时联系 3. 将客户信息填入汽车经销商管理系统和客户档案，并及时更新
3 天内回访	1. 交车 3 天内致电客户，询问车辆使用情况 2. 若客户有疑惑或不满意，记录客户投诉，向售后经理汇报。售后经理必须在 24 小时内与客户联系，提出解决方案，请求客户的理解 3. 在解决抱怨处理后 24 小时内进行跟踪回访，更新抱怨解决状态 4. 提醒客户客服专员将会在 7 天内再次联系，进行满意度调查 5. 将客户信息填入汽车经销商管理系统和客户档案，并及时更新
7 天内回访	1. 交车 7 天内客服专员用客户喜欢的联系方式回访客户，询问车辆使用情况，提醒车辆使用注意事项和维护里程或时间 2. 如果客户对车辆的质量和使用有异议，询问问题所在，快速帮助客户解决问题，并向客户致歉 3. 询问客户对服务体验的满意度，同时征询客户的意见和建议 4. 如果客户投诉，则向售后经理汇报 5. 售后经理必须在 24 小时内与客户联系，提出解决方案，请求客户的理解 6. 在抱怨处理后 24 小时内进行跟踪回访，更新投诉解决状态。将客户信息填入汽车经销商管理系统和客户档案，并及时更新
定期关怀	1. 做好客户定期关怀计划，服务顾问通过自动提醒功能，在节假日、客户生日和维护前 3 个月发送关怀短信 2. 用客户喜欢的联系方式，在交车后 15～30 天内至少要联系客户一次，询问客户目前的用车状况 3. 询问客户是否收到感谢卡和照片 4. 主动请客户提供可能的潜在客户购买信息 5. 每季度用客户喜欢的联系方式告知客户经销商的活动邀请、优惠服务等 6. 将客户信息填入汽车经销商管理系统和客户档案，并及时更新
维护提醒	1. 通过系统设置，在客户车辆维护前进行自动提醒 2. 用客户喜欢的联系方式回访客户，询问客户车辆的使用情况 3. 主动向客户介绍售后预约服务及其好处 4. 主动请客户提供可能的潜在客户购买信息 5. 将客户信息填入汽车经销商管理系统和客户档案，并及时更新 6. 在进行维护提醒的同时，提供当季活动信息

3. 客户回访常用话术

您好，我是××公司的服务顾问××，请问您是××先生/女士吗？今天来电主要是想对您前两天来我店进行的车辆维修（维护）过程进行一个客户满意度的调查回访，请问您现在方便吗？（若不是本人送修，询问送修人联系方式）

1）请问您这次维修/维护过程中，服务顾问的接待是否及时、热情？（若没有，问明具体原因并向客户致歉，同时做好记录）

2）请问您这次维修/维护是预约来店的吗？若不是：请问您知道我们的预约电话吗？（若不知

道应和客户说明，下次如果您来店维修/维护，可以提前预约，到时可以节省您的等待时间。

3）请问维修/维护前，服务顾问是否向您说明了将要进行的项目及费用估算？若没有：服务顾问是否让您在估价单上签字？请问您对服务顾问接待的整体满意程度如何？

4）请问这次维修/维护，我店是否在承诺的时间内交车？若没有：您能回忆一下当时的具体情况吗？对于延工的情况，服务顾问有提前告知您吗？

5）请问这次维修/维护是一次就完成了吗？（若没有，询问具体原因，致歉并做好记录；若有追加项目，询问客户是否在第一时间被告知）请问对于这次维修/维护的质量，您的满意程度如何？

6）请问服务顾问是否提醒您下次维护的时间？（针对维护的客户，若没有，跟客户提一下，在这次的时间上加 6 个月或里程上加 7500km，具体以车型不同而不同）

7）请问您对在我店维修/维护的总体满意度如何？最后我们想了解一下，假设您有多种选择，根据您此次在本 4S 店的经历，您的下一次维修/维护还会在本 4S 店进行吗？假设您的亲戚朋友想买车，根据您此次在 4S 店的经历，您会推荐本 4S 店给您的亲戚朋友吗？

非常感谢您的支持，以后如果您有什么问题，欢迎您随时和我们联系。

六、售后回访中的客户抱怨处理

根据客户售后回访的实际情况，出于节约时间和成本的需要，对客户进行售后回访一般多采用电话回访。大量的数据统计表明，客户抱怨多在售后回访时表现出来。因此，在电话回访过程中，良好地处理客户的抱怨，既有利于售后回访工作的顺利展开，也是增强客户对企业信任度的一个良机。

1. 客户抱怨的类型

所谓售后回访中的客户抱怨，是指服务顾问在对客户进行售后回访时，客户对企业所提供的产品或服务表示不满的行为的具体反应。客户对产品或服务产生抱怨，意味着企业所提供的产品或服务没有达到其期望，没有满足其需求；另一方面，也表示客户仍对企业有所期待，希望企业能改善服务。

客户抱怨时，尽管内容可能千差万别，但还是有一定的规律，从不同的角度可以得出不同的分类。

（1）抱怨的真实性　根据抱怨的真实性，可以分为两类：真实的抱怨，即有事实依据的抱怨；虚假的抱怨，即缺乏事实依据或与主题毫无关系的抱怨。

（2）抱怨的内容　从客户抱怨的内容来看，可以分为五种情况：工作人员的服务态度不佳；配件质量有问题；维修质量存在问题；拖延维修时间，未能及时将车修好；收费不透明。

2. 客户抱怨处理流程

客户抱怨处理流程为：倾听客户意见——安抚客户情绪——界定责任归属——跟进抱怨处理结果——跟踪反馈封闭抱怨。

（1）倾听客户意见　"维修过程中，服务顾问是否主动与您联系，通知您车辆的维修进展情况？"客户："维修过程中没有人给我打过电话，都是我给服务顾问打电话，因为我对维修进度很关心。"（服务顾问此时应安静地聆听客户的抱怨）

（2）安抚客户情绪　"看来是我们的工作疏忽了，在此先向您表示歉意"。

（3）界定责任归属　"我已经记录下您反馈的问题，并将反馈给售后服务部。他们会在两个工作日内给予您圆满的答复，我们客户部门会对处理情况进行跟进，直到您满意为止，您看这样可以吗？"（立即开具抱怨处理表，按抱怨处理流程时间点完成和处理好客户反馈的问题。对没有及时跟进的客户表示歉意，可以赠送小礼品来化解客户的异议）

（4）跟进报怨处理结果　"您反馈的车辆维修/维护过程中，服务顾问没有主动给您打电话关心您的问题，售后服务部是否解决了？"

（5）跟踪反馈封闭抱怨　"抱歉给您带来了麻烦，您对本公司安排上门处理您反馈的问题还满意吗？如果用 1~10 分打分，您可以给我们打几分呢？"（或非常满意、满意、一般等）

3. 客户抱怨处理记录表

如遇到客户抱怨，应将相关信息记录到客户抱怨处理记录表（表7-5）中，以便日后跟踪与反馈。

表 7-5　客户抱怨处理记录表

序号	客户信息			回访信息			抱怨记录		抱怨处理		备　注
	姓名	电话	车牌号	回访时间	回访方式	未成功原因	维修历史	抱怨原因	处理记录	再次回访	
1											
2											
3											
4											
5											
6											
7											
8											
9											
10											

客户服务顾问：　　　　　　　　　　　　日期：

4. 客户抱怨处理技巧

（1）推选一项制度　在处理客户抱怨时，应该推行"首问负责制"，不要推诿。所谓"首问负责制"，是指第一个受理客户抱怨的人要全权负责解答，或者负责联系相关人员解答客户的抱怨并确保客户满意。

假如客户抱怨被推诿，再以"服务顾问→维修技师→客服经理→总经理"的方式循环的话，客户一定会感到不满，这种做法也是对个人、对企业、对客户不负责任的表现。因此，首问接待者能当场处理的要当场解决，不能当场处理或不属于自己职责范围内的，应该做到说明原因，给予解释，及时与相关部门联系，尽快解决。

（2）坚持两个做法

1）倾听与解释。如果客户对维修服务不满，不论责任在谁，均应先向客户道歉。当客户发泄时，最好的回应方式是闭口不言，仔细聆听。把客户遇到的问题判断清楚，然后通过话语引导，让客户将其不满意的问题说出来，边听边记录，在对方陈述过程中判断问题的起因，抓住关键因素。了解完问题之后再征求客户意见，如：您认为如何处理才合适？您有什么要求？等。

2）补救或补偿。处理抱怨客户的返修时，对于通过补救可以解决的小问题，应该马上安排人员进行补救；对于无法弥补的损失，要在请示经理的前提下，给予客户适度的补偿（如馈赠礼品、折扣优惠等）。

（3）明确三类人职责　客户的抱怨主要涉及三类人员：服务顾问、维修技师、客服经理。处理客户抱怨时，需要明确这三类人各自的职责。

1）服务顾问。要诚恳而礼貌地接待客户，认真听取客户的抱怨，马上检查导致客户抱怨的现象，准确判断发生故障的原因并做出相应的处理与安排。

2）维修技师。导致客户抱怨的维修技师必须按照维修接待的派工要求，及时维修抱怨客户的车辆，以确保客户满意。

3）客服经理。客服经理主要负责参与处理重大的客户不满。接到报告后，客服经理出面安抚客户的情绪，在自己权限范围内立即提出处理方案，并在规定时间内组织实施，达到客户满意。对于不能及时处理的问题，要提出合理化建议，同时应对事态的发展有预见及应对预案。

（4）坚持四个原则

1）掌握政策，正确判别。客户抱怨时，必须正确判断其抱怨的实质，分析出因果关系，然后判别抱怨是否合理。为此，首先要了解相关的法律、法规，以便准确无误地对抱怨内容的合理性进行定性，这一点至关重要。对于不合理、不合法、不合情的抱怨要求，不能迁就。

2）以理服人，礼貌待客。当发生不合理抱怨时，在坚持原则的前提下不能违背服务宗旨，要礼貌待人，不能失礼，更不能用极端方式来处理。

3）调查分析，实事求是。接到客户抱怨后，必须进行调查分析，向有关人员了解维修过程，得出合理判断，实事求是地解决问题。

4）赏罚分明，统一尺度。如果引起客户抱怨的责任在企业方，则应对相关人员做出相应处理，处理时要注意关联性，不仅要处理被抱怨的当事人，还要处理抱怨起因的责任人。

（5）做好五方面工作

1）热情接待，听取陈述。抱怨客户肯定带有不满情绪，因此热情接待客户是十分必要的。在售后回访过程中，不管客户有多生气，服务顾问都要保持热情去接待客户。

2）无论对错，均表歉意。一般来说，抱怨客户都会认为自己是对的，如果服务顾问一味强调自己的理由，不对客户进行安抚，则很容易激化矛盾，引发投诉。道歉能体现服务顾问的胸怀，使客户感受到真诚，也会为日后带来更多的维修业务。

3）耐心解释，及时解决。当客户抱怨与事实不符时，一定要耐心解释，让客户从内心感觉到是自己的不对而心服口服，这样就不会失去这个客户的业务。如果客户抱怨是合理的，则必须给予快速解决，化解客户的不满，使客户觉得这次事故其实只是一个意外，重新令其满意，成为企业的"回头客"。

4）敢于担责，勇于认错。有些抱怨事件得不到有效解决，其实是没有勇气承认错误、承担责任造成的。只要客户有抱怨，且真实存在，都应接受、承担、妥善处理。这既是服务问题，也涉及法律规定，还牵扯到道德规范，这是应该坚持的服务原因，也是避免抱怨激化的有效方式。

5）抓住机遇，快速处理。遇到客户抱怨要快速处理，尽快平息客户心中的怒气。实践证明，等、拖、靠的做法容易扩大双方矛盾。本来很小的抱怨事件可能由于处理不及时而导致抱怨方向转移，影响面扩大，使原本极容易处理的问题变得十分棘手。

（6）抱怨处理六部曲

1）积极接受客户抱怨。接到客户抱怨信息后，做相应的记录，并及时将信息传递到售后服务部，记录人要签名确认。

2）先安抚客户情绪，再处理抱怨事情。遇到抱怨时，一定要坚持先处理情感，再处理事情的原则。

3）澄清引起抱怨的关键之所在，探讨解决方案。客户有时候会省略一些重要信息，因为他们以为这并不重要，或者忘记告诉服务顾问，或者为了掩饰自己使用方面的过错而刻意隐瞒，此时就需要了解实际情况，弄清事情的关键，然后与客户共同探讨处理方案，并签字确认。

4）迅速解决所抱怨的问题。这是解决客户抱怨的核心举措，一定要认真做好。

5）衷心感谢客户的抱怨。对给客户造成的不便表示道歉，对客户的意见表示感谢，必要时适当补偿客户的损失，以个人的名义给予客户关怀。

6）回访客户，安抚情绪。处理完客户的抱怨后，最好在一周内再次致电或登门回访，了解客户对处理结果还有什么不满意的地方，是否需要更改等，直到客户答复满意为止。这样做是对客户进行感情投资的良好方式，能增强客户信任，对稳固客户、发展业务有着意想不到的效果。

5. 常见客户抱怨的规范解答

（1）客户抱怨车辆油耗过高　经济油耗是指在特定的测试条件下（无风、路面平直等），车辆以经济速度匀速行驶一段路程，计算出的平均油耗。

检验油耗不能以市区为准，因为等待红灯、开空调等都会影响油耗。车辆是否在走合期、车辆的载重、个人驾驶习惯、油品等也会影响油耗。

计算油耗的方法：将油箱加满油，在路况较好的路段（高速公路等）行驶 100km 左右，再将油箱加满（和上次加到同样的位置），用第二次的加油量除以行驶里程，即得出百公里油耗的大致数值。

提高车辆燃油经济性的要领：合理控制跟车距离，尽量避免紧急制动；不要随意对车辆外观进行改装；高速行驶不要采用关闭空调打开窗户的方式；车辆应避免急加速、猛踩加速踏板；定期对空调散热器、发动机散热器表面进行清洁；定期对轮胎气压进行检查，气压低会增加车辆行驶的阻力。

（2）客户抱怨配件价格过高　可用这样的话术安慰和说服客户：您好，我店使用的都是原厂配件，所有配件均通过严格质量检查，可以使整车在运行中保持最佳状态，同时也可以延长车辆寿命。相对副厂件而言，由于受供货渠道、运营成本的影响，4S 店的备件价格相对会高一些，但在我店更换的备件均享受一年的质量保证。副厂件价格虽低，但是现在汽车配件市场鱼龙混杂，假货较多，一般的消费者很难辨别，因此很容易买到伪劣产品。再者汽车维修是一项技术性很强的服务，如果使用了伪劣配件或维修不当，很容易导致汽车故障，因此建议您购买原厂配件。

（3）客户抱怨工时费过高　可用这样的话术安慰和说服客户：您好，我店所有维修项目均按保修标准工时制订，工时的制订标准不只是看维修的实际施工时间，还要考虑维修施工的技术难度、故障的检查等因素，而且在维修过程中，小到螺钉，大到车辆的每一个部位，均按整车生产厂的标准数据进行操作，可以保证您的车辆处于最佳使用状态，进而延长车辆的使用寿命。因此，建议您严格按照厂家要求，定期到 4S 店或服务站进行维护与维修。

（4）客户抱怨同一个问题多次检查　可用这样的话术安慰和说服客户：您好，因为有些问题具有间歇性，需要多次试车才能确认故障原因，因此您每次入厂之后，我们都会有专人对您进行回访，就是想追踪一下您的车辆检修之后的结果，如果仍有问题，我店一方面会将您的情况积极向厂家进行反馈，另一方面也会帮您考虑采取其他的检修方法。

 **任务实施**

一、实训目的

1. 能准确对客户档案进行管理。
2. 能掌握售后跟踪回访服务流程与实施规范。
3. 能掌握跟踪回访服务的注意事项。
4. 能妥善处理跟踪回访中的客户抱怨。
5. 提高实际操作能力和处事应变能力。

二、实训要求

1. 指导教师对全班学生进行分组，每 6 ~ 8 人为一组，自行扮演角色，演示后交换。

2. 根据情景描述，对王先生进行分阶段回访，包括回访准备、2 小时回访、3 天回访、7 天回访，同时还包括礼仪、客户异议处理等环节。

3. 表演模拟，各位学生自我介绍扮演的角色。

4. 每组依次上台进行实训操作，每组的学生代表点评，教师进行总结归纳。

三、实训步骤

第一步（学习准备）：教师引导学生解析学习目标，分析学习任务。引导学生进行任务实施前的学习，完成实训内容的任务准备。

第二步（制订计划）：教师引导学生根据已明确的学习任务，制订完成任务的计划。教师应引导学生培养团队协作、沟通聆听的意识。

学习计划应包含任务陈述、团队成员、学习资源（包含网络、教材资料）和具体安排。

第三步（任务实施）：以小组为单位展示学习成果。

展示内容应包含：学习计划，学习小组成员就客户的档案进行描述，并按 4S 店实际工作场景按标准售后服务跟踪流程与实施规范进行售后跟踪。

四、实训内容

根据任务描述的情境，请你对王先生进行售后跟踪回访工作，同时讨论并完成如下任务准备。

1. 完成本工作任务，需要进行哪些方面的工作准备？

1) _____

2) _____

3) _____

4) _____

2. 在售后回访的过程中，对服务顾问有哪些职责要求？

1) _____

2) _____

3) _____

4) _____

3. 3 天内的售后跟踪服务包括哪些内容？

1) _____

2) _____

3) _____

4) _____

4. 如何正确处理客户的异议？

1) _____

2) _____

3) _____

4) _____

5) _____

5. 定期售后跟踪服务包括哪些内容?

1) ＿＿＿＿＿＿＿＿＿＿＿＿＿＿＿＿＿＿＿＿＿＿＿＿＿＿＿＿

2) ＿＿＿＿＿＿＿＿＿＿＿＿＿＿＿＿＿＿＿＿＿＿＿＿＿＿＿＿

3) ＿＿＿＿＿＿＿＿＿＿＿＿＿＿＿＿＿＿＿＿＿＿＿＿＿＿＿＿

 评价反馈

根据售后跟踪服务流程及实施规范完成整个任务,教师注意引导学生填写评价表(表7-6)。

表7-6 学习任务完成质量评价表

考核内容	考核要求	配分	得 分	
			自评	互评
学习计划	学习计划的全面性、可操作性	10		
展示完整性	能完整收集客户信息,并进行档案管理	10		
展示标准度	按照标准售后跟踪服务流程与实施规范进行	30		
商务礼仪	与客户交流过程中,使用标准商务礼仪	10		
异议处理	正确处理客户异议	20		
亲和力	与客户交流过程中具有亲和力	20		
合计	—	100		
操作时间	开始时间: 结束时间: 实际用时:			

在完成本项目学习任务后,通过小组会的形式进行总结和思考,由教师指导学生填写学习过程评价反馈表(表7-7)。

表7-7 学习过程评价反馈表

序号	评价内容	分值	自评分	他人评分	实际得分
1	微笑服务,礼貌服务,全程与客户互动交流	10			
2	客户档案资料的完整性与准确性	10			
3	是否根据售后跟踪回访流程及实施规范完成整个任务	20			
4	是否对客户用车提出相关的建议和意见	20			
5	对客户的异议是否做到正确处理及回应	20			
6	相关表单的使用是否准确无误	10			
7	是否礼貌与客户道别,或遵循电话礼仪	10			

注:实际得分=(自评分+他人评分)/2。

 知识拓展

超值服务赢取老客户忠诚

情景一:节假日、特殊日送祝福(图7-5)

销售人员:"张先生,今天是您孩子五岁的生日吧?上半年您买车的时候就提到过,说您孩子恰好是国庆节生日,有了车可以带孩子出去玩,不知道您这次带孩子去哪里玩了呢?"

客户:"谢谢你还记得这么清楚,我们没有出门,就在家里给他庆祝生日。"

销售人员："我为孩子订了一个生日蛋糕，快递应该快送到了，祝孩子生日快乐。"

客户："谢谢你，小李呀，你这样太费心了。"

销售人员："哪里，前几天您为我介绍了两位客户，我都没有来得及跟您道谢呢，能让您孩子生日时更快乐更幸福，我也很开心。"

情景二：客户提车周年纪念（图7-6）

销售人员："张先生，恭喜您!"

客户："哦，恭喜我什么呀?"

销售人员："去年的今天，您从我们店把爱车提走了，您还记得吗? 今天是您和爱车的周年纪念呢。"

图7-5 节假日、特殊日送祝福

客户："呵呵，还真是的，一年了，时间真快呀，谢谢你还记得这么清楚。"

销售人员："不知道这款车您还满意吗?"

客户："很好呀，到现在都像新车一样，我们一家都很喜欢。"

销售人员："那就好，您用车愉快，我们比谁都高兴，如果您对我们有什么意见和建议，欢迎您给我们提出来呀。"

客户："一定一定。"

情景三：帮助客户

图7-6 客户提车周年纪念

销售人员："张先生，上次给您打电话，您提到想给爱车换一套音响，但不知道哪个品牌的比较好，是吧?"

客户："是呀，我现在还没有换呢。"

销售人员："我给您搜集了现在市面上比较主流的一些音响品牌，以及它们的性能和报价，这些价格我是从内部人员那里问来的，您去选购的时候可以参照这个价格来砍价，绝对不会吃亏的，我发到您的邮箱了。"

客户："你太费心了，我在网了查了很久，也没有找出什么有用的信息来，您的这些信息对我肯定有很大的帮助，真是谢谢你。"

销售人员："这没有什么，以后您在汽车方面有什么问题或者想法，随时都可以找我。"

情景分析：

超值服务可以是大雨之后的一次洗车提醒，可以是客户生日时的祝福，也可以是力所能及的帮助。超值服务是发自销售人员内心，而出乎客户意料的。很多时候，两三次恰到好处的超值服务就能让一位普通客户升级为老客户和忠实客户。优秀的销售人员一定是一个有心人，能够利用客户话语中的关键信息把握住每一次打动客户的机会，能够将每一位购车的客户都发展成为品牌的忠实老客户。

从根本上来说，真正的超值服务并不需要耗费很多的财力和精力，它其实就是一种用心的服务，是汽车销售人员发自内心地对客户的关怀与帮助。为客户提供超值服务是培养忠实客户的一种很好的途径和方法，而每一个忠实客户的背后都会有好几个、数十个甚至成百上千个潜在客户。所以说，超值服务是一种双赢的服务，客户得到了关怀和温暖，而销售人员得到的是源源不断的客户资源和销售机会。

参 考 文 献

［1］ 段钟礼，张擂挑. 汽车服务接待实用教程［M］. 北京：机械工业出版社，2010.

［2］ 郑超文，张红梅. 汽车维修接待实务［M］. 北京：北京出版社. 2014.

［3］ 金明，彭静. 汽车维修接待［M］. 重庆：重庆大学出版社. 2015.

［4］ 盛桂芬. 汽车售后服务接待［M］. 北京：机械工业出版社. 2015.

［5］ 陈斌，纪烨，刘炳旭. 汽车维修接待［M］. 北京：北京理工大学出版社. 2015.